フランス人ママ記者、東京で子育てする

西村・プペ・カリン

石田みゆ 訳

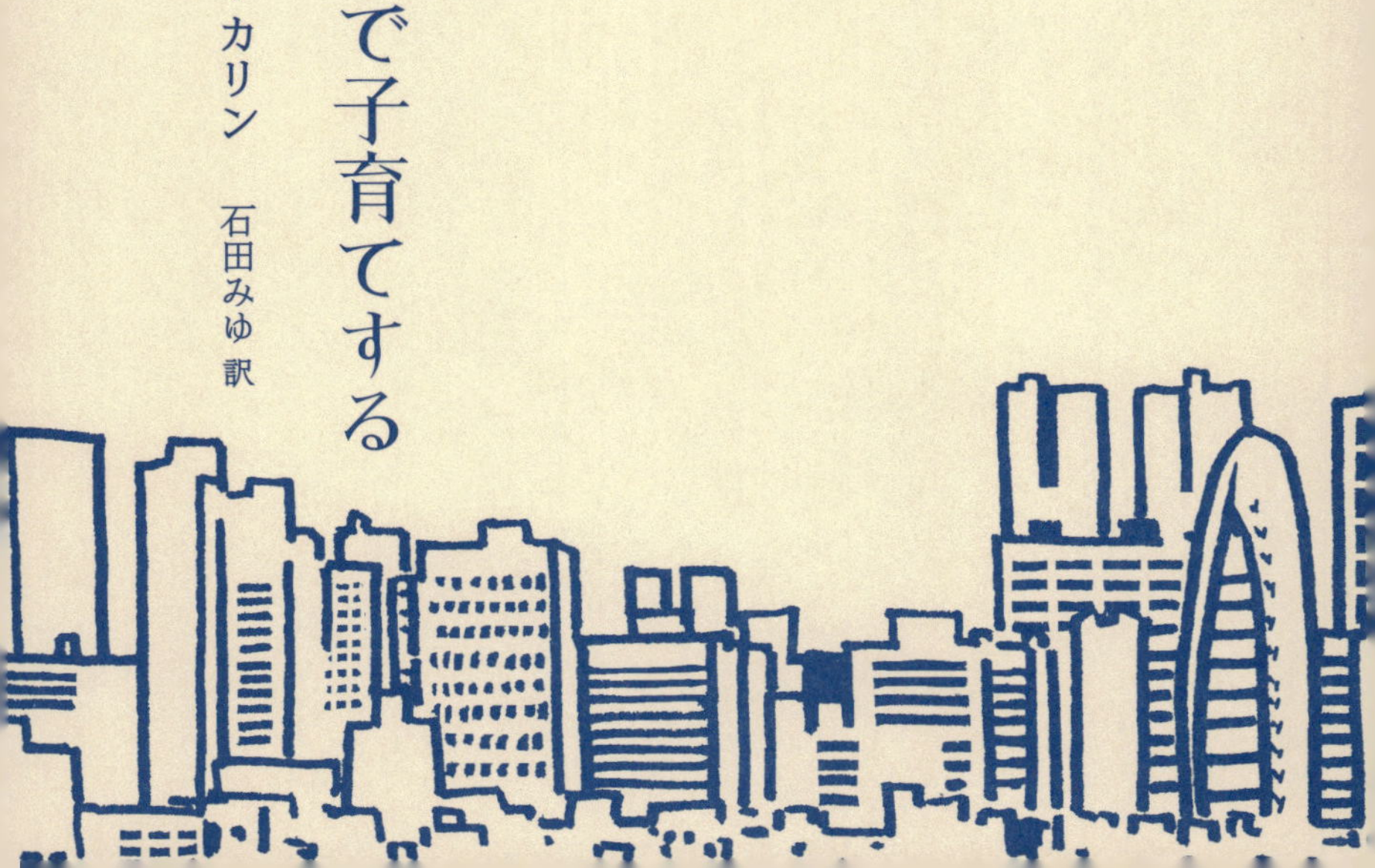

はじめに――パリと東京、どっちがいい？

朝起きたら、まず夫とキス。出かけるときにもキス。1日2回の電話越しにビズ（キス）。帰宅してキス。寝る前に何度かキス。息子とのキスは数えきれない。あなたにとってのフランス人のイメージはこんな感じだろうか。それはそのとおり、あたっている。しかしほかのいくつかの部分について、たとえば「食べものにこだわる」とか、「子どもにやさしい」とか、もしかしたらフランスのことをとても〝理想的〟に考えているかもしれない。

はじめまして。

わたしは日本人男性と結婚して大好きな都会の街、東京で記者として働きながら「ママ」をしている、西村・プペ・カリンです。

フランスと日本。あなたは、どちらの国で恋人をつくろうが、結婚しようが、子どもをつくろうと決めようが、たまたま出産をしようが、今の時代には大差ないことだと思っているかもしれない。

「ノン」。断じて違うのだ。

たしかにフランス人も日本人も当然子どものつくり方は同じだし、どちらの国にいても子どもは同じように育っていく。でも、それを除けばどうだろう。病院のこと、出産のこと、社会保障のこと、そしてまわりの人間関係や教育にいたるまで……ほとんどが、いや、もしかしたらまったくといっていいほど違っていて、2つの国がそれぞれいいところとダメなところを持っている。

フランスと日本は地理的には1万キロ以上離れているが、急速にグローバル化が進んだ現代では、文化的な国境も消えつつある。

先進国とよばれるフランスと日本は生活様式も似ているし、違いのほうが少ないのでは？　と思うかもしれない。多くの経済学者や専門家《テクノクラート》たちも、机上では大して差のない統計結果を出している。

しかしそんな空論を鵜呑みにするのは愚の骨頂というもの。実際に相手の国で暮らし、そこでのルールや慣習やしきたりに直接ふれてみた者の目に、違いは明らかなのだ。

フランスは本当に子育て向きの国？

10年以上日本に暮らし、2012年のはじめに日本人と結婚したわたしが祖国を離れたまま日本での出産を決めたことで、日本人の女性からはもちろん、男性たちからもその理由を尋ねられることが多かった。

なんでまたフランス人が、それも子どもを産みやすいといわれている自分の国ではなく、習慣もコミュニケーション法も異なるこの国で産みたがるのか。妊娠もお産もただでさえ大変なことなのに、そんなことをしたら余計に苦労するんじゃないのか、と。

しかしわたしの答えは「ノン」。

少なくともわたしの場合はそうじゃない。日本での出産を一度も後悔しなかったどころか、本当にこの国で産んでよかったと思ったくらいだ。しかも妊娠中にもっとも不安を覚えた瞬間はなんと、フランスに一時帰国した数週間のあいだだったのだ。

もちろん日本の環境だってカンペキとはいえない。

しかしわたしの場合、もともと日本に住むことを選び、日本人と結婚して子どもをつくろうと決めていた。さらにその子がある程度大きくなるまでは、この国で教育を受けて育っていくだろうということがわかっている。だったら、いくらフランスの医療が合理的でも、安くても、母国のほうが気楽でも……とにかく、日本で産むほうが自然の流れに思えたのだ。

日本で体験した出産は、わたしにとって、社会保障制度のこと、医療関係者のこと、福祉政策や家族のあり方についてなど、いつも2つの文化の違いを意識しながら考えをめぐらす、いい機会となった。

日本人らしく、少し切れ長の目をしたかわいい赤ちゃんを、日本人のパパと日本で育てていくこと。それは、わたしの人生で、もっともすばらしい経験の1つ。それを、この本を手にとってくれた日本人女性たち——その中には、フランスで暮らすことを夢見ている人もきっといるはず——と共有したい。2つの国の視点を提供することで、妊娠中や子育て中の女性にとって、そして男性にとって、よりよい環境をつくっていくヒントになればと心から願っている。

contents

2 子育てが始まった！

3 これが日本の保育園

4 フランスと日本 こんなに違う子育て事情

序章 フランス人のわたしが日本で家族をつくった理由

少しだけ自己紹介——わたしは誰？

わたしの出身地は世界的に有名なワインの産地ブルゴーニュ。

でもなぜか、「田舎」や「自然」とくらべると、わたしは子どものころから「街」や「コンクリート」のほうに惹かれるタイプだった。

パリに住んで10年が経とうとしていたころのこと。あまり旅行もせずに暮らしてきたものの、1ヵ月半の有給がたまっていたため、わたしはどこかへ旅行に行かなければと考えていた。あとは行先を決めるだけだった。

ふとしたきっかけから、東京へ行くことになった。もしかすると、それはわたしの人生で、もっとも美しい「偶然」だったかもしれない。東京に足を踏み入れた瞬間、なぜだか自分の人生の流れが変化するのを感じた。はたしてそれがいい方向にいくのか、悪い方向にいくのかはわからない。けれどたしかに流れは変わっていた。

初めての東京、そして帰りたくない

旅行のあいだは、片言の日本語しかしゃべれなかった(「こんにちは」「いくらですか」「そこへはどうやって行けばいいですか」など)。友達が何人かできた。彼らが街を案内してくれたおかげで、さまざまな場所に行くことができたし、いろんな人に出会うことができた。わたしは目を大きく見開いて、東京のあちこちを、縦横に歩きまわった。フランスには存在しない音――駅や店内にあふれるアナウンスに立ち止まっては耳を傾けた。店に入ると「いらっしゃいませ!」と言われ、宝くじ売り場の女性はまるで歌うように「本日最終日~」を繰り返す。夕方5時になると子どもたちに帰宅を促すセンチメンタルな音楽が街をつつむ。なんておもしろい国なの!

これまで訪れたほかのどんな国にもない音が街中にあふれていた。山手線を一周して録音したりもした。わたしは音響の仕事をしていたこともあって、みんなが旅先で写真を撮るように、あたりまえに音を録るのだ。

帰国してからは、たくさん泣いていた。すぐにでも日本に戻りたい――理由はよくわからないけれど、どこか本能的にそう思った。まるで日本に帰りたい「日本シック」状態である。

当時のわたしは、恵まれた環境で働いていた。フランスの子ども向けテレビ局（カナルJ）の技術責任者として高い給料をもらい、責任のある仕事を任されていたので、そんな生活を変える理由など、どこにも見当たらないはずだった。しかしそれも、日本に足を一歩踏み入れるまでのこと。フランスに帰国したとたん、わたしの頭はただ1つの目標でいっぱいになってしまったのだ。

「日本に戻りたい。そしていつか、日本に住もう」

この願いを叶えるため、わたしはその日からできることをかたっぱしから実行に移した。

日本で暮らすための準備

まず「無給休暇」をいくつもとり、数週間単位で何度も日本に滞在しながら、科学やテクノロジー専門の雑誌向け記事を投稿しはじめた。もともとエンジニアとして、音声技術や遠距離通信、放送技術などの分野の専門知識は身に付けていた。

ちょうど同じころ、つまり1997年から2000年にかけて、日本ではカラー液晶画面、カメラ機能、Eメール機能、携帯インターネット、iモードを備えた携帯電話が流行していた。携帯電話の分野でまだまだ遅れをとっていたフランスの技術系雑誌の多くは、そんな日本ならではの最新情報を求めていた。

ジャーナリストでもないのに、そこに携帯電話をテーマにしたルポルタージュ「*SHA. Mail*」「*i-mode*」などを、いくつも送ったのだ。こうしてわたしは少しずつジャーナリストになっていった。記事は評判を呼びはじめ、なんと「ル・モンド」のような大手新聞も含めて、次々と執筆依頼がくるようになった。

そこで、リスクは承知で、わたしはテレビの技術責任者の職を辞め、人生の賭けに出た。日仏間の記事を扱うフリージャーナリストに転向しようと決めたのだ。難しい選択だったし、両親にも心配をかけたけれど、かならず成功するという自信もあった。

海外でも一部翻訳版が出ているフランスの有名な実用書シリーズ「クセジュ（*Que sais-je?*）シリーズ」で、携帯電話をテーマにした本を書きはじめたのもその頃だった。

このようにして、わたしの第二の人生は少しずつ幕を開けたのだ。生活の半分はフランスで、あらゆる技術関連の記事を書きながら過ごし、半分は日本で、漢字辞典を片手に新聞を読むことで日本語を勉強しながら、ルポルタージュをいくつも書く日々を過ごした。そのころには日本に友人も増え、彼らにずいぶんと助けられ、新しい発見を重ねていった。

記事の評判がよかったことと執筆量も増えていったことから、２００２年、ついにわたしは「フランスには年に1度くらい帰ればいい。日本へ定住しよう」と決意するのである。

あのAFP通信から依頼が！

そして2004年のある日。

AFP通信（*Agence France-presse*）からわたしに連絡があった。東京支局で経済・技術分野の記事を書けるジャーナリストを探しているという。わたしは仰天してしまった。1度もジャーナリストとして正式な教育を受けたことのない人間が、世界的に有名で権威あるAFP通信のような会社に雇われるなんて、夢にも思わなかったからだ。

2004年、最初はパートタイムとして雇われ、2010年からはフルタイムで働いている。通信社のジャーナリストというのは、非常に特殊な職業だ。広い多様性と、記事を素早く書く技術を要求される。2011年の東日本大震災と福島第一原発の事故の際には、その難しさを痛感した。わたしたちに求められていたのは、24時間絶えず、できるだけ早く、最大限の情報を提供することだった。

日本社会について、日本企業について、日本経済について、その他ありとあらゆる日本関連の記事を日々書かなくてはならない。いまだにたくさんの間違いはするけれど、この仕事のおかげで以前よりずっと速く日本語を読めるようになり、会話力も向上したと思う。

これまでに、村上春樹氏や、ユニクロ社長の柳井正氏にインタビューする機会にも恵まれた。さらに日本の政治家に同行して取材に行く（福島第一原発には安倍晋三首相に同行）こともあれば、フランスの政治家、たとえばフランス共和国大統領フランソワ・オランドなどが来日すれば、それに同行することもある。

日本で生まれた「技術」を知りたい

２００２年から２００８年にかけて、ＡＦＰ通信での仕事と並行して、わたしは日本の戦後史や経済、社会について、たくさんのことを調べた。というのも、はじめて来日したころは日本のテクノロジーに興味があるだけだったのが、すぐに技術そのものよりもっとおもしろいことがあると気がついたのだ。

それは、「なぜその技術が日本で生まれたのか」、そしてそれが「どのような使われ方をしているのか」ということ。

日本人の機械の使い方は独特で、フランス人とはかなり違っている。その理由は一見単純なようでいて、複雑。日本人ならではの考え方と、独自の生活スタイルが関係しているようだ。そのことがなによりもわたしの興味をそそり、どうにか理解して伝えたいと思った。そして数年間をかけて書いたのが、６００ページもある分厚い本『*Les Japonais*（日本人）』だ。これは２００８年にフランスで出版され、「渋沢・クローデル賞」を受賞した。

マンガ文化にも興味

その後もわたしは経済（消費傾向、企業の発展など）や社会の動き（人々の行動の移り変わり、社会問題など）に注目しながら日本社会を追いかけ続けた。そして、しだいに仕事の対象は、これまでの読者層とは異なるフランスの若者たちに向かっていった。日本の漫画は、フランスの多くの若者に読まれている。つまり、フランスの若者が日本に興味をもつ、きっかけのほとんどが漫画なのだ。

それ自体はいいことだけれど、ほんとうに漫画を理解したいのであれば、日本についての知識を深め、歴史についても知ることが不可欠なのでは？　そんな思いから、2010年、『*Histoire du manga*（日本漫画の歴史）』という本を出版した。漫画作品を紹介し、作品ごとに時代背景をくわしく解説したものだ。ちなみにこの1冊が間接的なきっかけとなって、わたしは、最愛の息子の父親となる男性に出会うことになる。

夫となる日本人男性について

「パリで暮らす日本人の生活を漫画にしました。書店では品切れですけど、アマゾンなら1円で買えます」

サラリーマンの恰好をした漫画家に、初対面でこう言われた。

2010年、わたしはちょうど先述の『*Histoire du manga*（日本漫画の歴史）』を書き上げたばかりで、その日はフランス人と日本人の漫画家が集まるパーティに招待されていた。会場には、顔はわかっても名前のわからない人、顔自体初めて見る人であふれていた。知らない人のほうが多い。

おかしな名前のパリ通な日本人

あり得ない名前――「じゃんぽ〜る西」と名乗る目の前の漫画家のことも、やっぱり知らない。日本人ジャーナリストの友人が紹介してくれた。

「おっ、西さんがスーツで来てるぞ。西さん、こっちこっち」

友人はそう言ってわたしたちを引き合わせてくれた。西さんはわたしがフランス人だとわかると、自分の漫画のページをめくりながら5分ほどかけて説明をしてくれた。『パリの迷い方』というその漫画はたしかにおもしろそうで、どちらかというと写実的な感じだ。わたしは即座に「買って読んでみます」と言い、実際にその晩、アマゾンで注文をした。

代金は送料を除いて300円。1円の中古品も出ていたけれど、この本にはもっと多く払ってあげたかったから300円のほうにした。翌日、届いた本をすぐに読んだ。たしかにとてもおもしろかったので、さっそく「西先生」にメールで感想を送ると、丁寧なお礼の返信をくれた。それでおしまい……かに思えた。約2ヵ月後、彼から1通のメールが届くまでは。

1通のメールから銀座で再会

西先生からのメールには、実はフランスから来た友人が、イラストレーターとして東京で仕事を探しているので一度会ってもらえないか、と書かれていた。翌日の晩、わたしの職場の近く、銀座にあるパリ風のカフェのテラスで待ち合わせをした。

わたしは、パリのカフェ特有の内装や、ほかではまねできない雰囲気が大好きで、東京に暮らしていても恋しくなってしまう。こちらで同じものを見つけるのはなかなか難しい。

その点、銀座にある「オー・バカナル（*AUX BACCHANALES*）」はパリのカフェの雰囲気を上手に再現しているので、銀座界隈で人に会うときには、まずそこを利用するようにしている。なんといっても、わたしがパリに帰るたびに（と言ってもほとんど帰らないけれど）、まずすることといえば、「カフェ・ド・フロール（*Café de Flore*）」に行って、ほんものおいしいカフェを飲むことなのだ。もし夜だったら、シャンパンを1杯……。

さて当日、わたしたちは3人でテラス席を囲んだ。西さんの友人、ベンジャマンは、できればイラストレーターの仕事がしたい、記事のさし絵の仕事か何かできないか、と言う。簡単なことではないですよ、とわたしは答えた。が、答えたところで、そういえばちょうど、わたしが週に一度フランスのウェブサイト向けに書いているコラムのために、イラストレーターを探していたことを思い出した。

それなら大歓迎……なのだが、わたしとしてはどうせなら、この仕事をフランス人ではなく日本人に頼みたかった。そんなことをぼんやりと考えつつ、気がつくとわたしは、じゃんぽ~る西のほうを見ていた。そして手短かにコラムの内容を説明し、「来週から1週間に2カット、お願いできますか」と聞いてみた。

コラムのテーマを話すと、彼はどうやら興味をもってくれたようす。いまだ仕事の目途が立たないフランス人の友達を前に、若干気がねしながらも、引き受けてくれたのだった。

シャイな日本人男性との恋

数日後、何種類かの下絵を用意してくれた彼と新宿で打ち合わせをした。それ以降、わたしたちは打ち合わせのために毎週顔を合わせるようになっていった。

あるとき、あるフランスの大手ラジオ局から、番組で漫画の特集を考えているので、わたしと日本人の漫画家にインタビューできないかというオファーが入った。ラジオ局の人間が取材のために東京にやってくるとのことだった。

「日本人の漫画家で、仕事について語ってくれそうな人を知りませんか？」

と聞かれたので、わたしはとっさにじゃんぽ～る西のことを頭に浮かべた。

ラジオ局の記者とわたしたちが会ったのは8月のこと。場所はやっぱりパリ風のカフェ、渋谷の ***Bunkamura*** 近くにある「レ・ドゥ・マゴ・パリ（*LES DEUX MAGOTS PARIS*）」だ。実は、わたしはすでにその数週間前から西さんを少しずつ意識しはじめていて、男性として好きになりつつあるというのが、自分でもわかっていた。

彼のほうもわたしといるのを楽しんでくれているように見えたし、実際その日も、路上でのラジオ収録のあと、こちらの誘いにいやな顔ひとつせずつき合ってくれた。わたしたちは2時間ほどお茶をして渋谷をぶらつき、夕食も一緒に食べた。

ついにわたしはその席で、正直に言ったのだ。

「あなたにとても惹かれているんです」

するとかわいそうに西さんは告白を聞いたとたん、窒息しそうになってしまった。大きなコップで続けざまに2杯も水を飲み干し、だまりこんでいる。その姿がまたさらに可愛らしく感じた。

「ご迷惑だったでしょうか？」

こう尋ねると、首を振る。もしかして、その逆？　彼はわたしのこと、どう思っているのかしら？　さっぱりわからなかった。

そのままわたしたちはレストランを出て、急いで駅に向かい、彼は西方面、わたしは東方面の終電に飛び乗った。でも実は、その前に、改札の前でまったく日本式とはいえない方法で――キスをしながら――お別れをした。こうしてわたしたちは恋人同士になったのだ。

それからというもの、彼が何度もわたしの家に遊びにくるようになったので、わたしは手狭になった部屋を引っ越した。フランスも日本国内も2人で旅をして、わたしはブルゴーニュの両親の家に彼を連れて行き、数ヶ月後、彼はわたしを元旦に実家に招いてくれた（家族は待ちに待っていたみたい）。

そしてクリスマスの奇跡

そして1年半後、12月25日のことだった。日本人にとっては恋人や友人と楽しく過ごす日かもしれないが、フランス人にとってはとても重要な家族の日だ。だって、クリスマス！

その日彼と散歩をしていたら突然気分が悪くなったのだ。フランス語で「ノーゼー（*nausée*）」、つまりつわりではないかと思った。

家に帰る前に、妊娠検査薬を買った。説明書をきちんと読まずにすぐ検査をしてしまったが、陽性だった。嬉しくて、とにかく驚いた。もちろん、わたしには妊娠した理由がわかっていた。彼と結婚することは考えていたが、いきなりそんな状況になるとは思ってもみなかったのだ。

ちなみに日本では、結婚せずに子どもを産むことはあまりないが、フランスでは妊娠したからといって結婚するか否かについては、だれも気にしていない。結婚せずに子どもをつくるカップルは非常に多いからだ。生まれる子どもの約半数の親たちが入籍していない。子どもを産みやすい環境といわれてはいるが、実はわたしはあまり賛成できない。やはり子どもができたら、カップルは結婚するのが自然だと思うのだ。めずらしいフランス人かもしれないけれど、わたしは日本人のほうが正しいと思う。

話は戻るが、わたしにとって、その日は子どものころ以来の一番嬉しいクリスマスになった。もう40歳だったのに。

そして、結婚もして、かわいい赤ちゃんも授かって……と、これが東京に移り住んだ「半パリジェンヌ」と、フランス語を話せないままかつてパリに暮らした日本人漫画家の、幸せなラブストーリーだ。

日本人男性はすてきですよ

わたしはこれまでに人をここまで愛したことがないというほど彼のことを愛しているし、日に日にその気持ちは強くなるばかりだ。本人にも直接、そう伝えている。

ここが日本人同士だったら「お互い口にしなくても、気持ちは通じ合っている」という暗黙の了解があって、あまり正直な気持ちを言わないものなのだろう。しかしフランス人は「愛している」と言葉にすることを、だれもが大事に思っている。一緒にいるうちに気持ちが通じ合うようになるのはたしかだけれど、実際にはっきりと口に出したときほど、あるいは言われたときほど、強く、感動的なものはないからだ。

ちなみに彼のことを無口なタイプだと思ったら、それは大間違いだ。日本人男性の多くはそう見えるけど、彼はものすごく話す。漫画家だから、芸術はもちろん、政治、海外ニュースや文化、ほんとうに幅広いことに興味がある。わたしもジャーナリストとして、仕事で担当しているニュースが多く、家に帰ったら、わたしたちは日常会話だけでなく、たくさんのテーマについて語り合う。理想的なプライベートだ。当然ながら、絵で表現するのも彼はうまい。今まではパリとパリジャンについての漫画を描いていたが、最近は『モンプチ　嫁はフランス人』（祥伝社）という〝わたしたち〟の漫画も描いている。

彼にはユニークな特徴もいっぱいある。冗談を言うときに、絶対に自分は笑わないのだ。また、服を脱ぐときに脱いた状態のまま残すことも、ある意味すごい才能だ。食後、テーブルを片付けたら、必ず何かを忘れたりもする。意外な点に細かいところもおもしろい。紙おむつのテープ位置について疑問に感じたとき、トイレットペーパーのデザインのミスを発見したとき、メーカーにそれを指摘する手紙を出す。ほんとうに魅力的な人だと思う。

もちろん、あまりよいと思えないところもある。わたしが日本語を日々マスターしているからか、フランス語を全然勉強していないこと。1年間以上パリに住んだことがあるのにもったいない。また、時間を守ることがあまりできない。家で仕事をしているが、職場の掃除をほとんどしない。服のコーディネートのセンスがまったくない。食べ物のカロリー量が全然わからなくてダイエットができない、などなど。

でも、わたしだって弱点だらけの人間だ。だからさほど彼の欠点を気にしてはいない。

フランス人のわたしが
日本で家族をつくった理由

おたがいの欠点を補い合いながら、時には笑い合う、いい関係が続いている。

1

戸惑いとトラブル続きの「妊娠と出産」

なぜフランスで産まないの？　と言われたけれど

女性も40歳を過ぎると、そろそろ子作りをするという歳ではなくなってくる。体が出産に適さなくなるというだけでなく、いくつものリスクが年齢とともに生じやすくなるのだ。それはフランス人であっても日本人であっても同じこと。それに、フランスで産もうが、日本で産もうが、用心にこしたことはないし、個人的には、あらゆる検査を受けたほうがいいと思っている。わたしなら、起こり得るリスクと、自分にそれを受け入れる覚悟があるのかということを考えずにはいられない。

早すぎる分娩予約と短すぎる妊婦健診

臨月を除けば、妊婦ライフを楽しめるのも、たったの9ヵ月（日本では臨月も含めて10ヵ月と数えるがフランスでは9ヵ月と言うのが一般的だ）、と思っていたら、冗談ではなく、実際はもっと短かった。

わたしの場合、2ヵ月目で妊娠が発覚した（身体の変化はとくに感じなかった）。しかもお産が予定日より3週間も早まってしまったので、妊娠している意識があった期間は、ほんの7ヵ月間しかなかったことになる。

つわりのあった2ヵ月間をべつにすれば、終始幸せで、「体重が増えるとほめられる」という、ウソのような毎日も楽しかった。いまや子どもも生まれ、ふたたび「体重とにらめっこ」の日々に戻っている。そして7ヵ月は長いようでいて、わたしのように体調さえよければあっという間に過ぎていくものだった。

さすが「段取り上手」世界一の日本人!?

妊娠と診断された直後、婦人科医から、「早く産院をみつけて分娩予約をとるように」とすすめられた。「え、もう?」とおどろくわたしに向かって、先生が「さもないと、空きがなくなりますよ」と言う。

Quoi!《クワッ》（うそでしょ！）出生率は下がっているのに、産院に空きがないなんて。しかも、単に病院の数が足りないからだという。これは矛盾しているようでしていない。じつは早い話がビジネスの問題なのだ。

つまり、生まれる子どもの数が減り、産院も以前ほど必要ではなくなった。そうすると閉鎖に追いこまれる産院が出てきて残りのベッド数も徐々に限られていく。したがって今度は妊娠したら、した者同士、少ないベッドを取り合わなくてはならない状況が生まれてしまったのだ。たしかに筋の通った話だけれど困ってしまう。

結局、8月に出産予定だったわたしだが、1月のうちに予約を入れることになった。するとその時点でなんと、120人中、89番目とのこと。

さすが「段取り上手」で世界に名高い日本人。彼女たちは産院の事情にも詳しく、早々に予約をすませるらしいのだ。その点、わたしたちフランス人は、よくいえば「アドリブ」が得意なタイプ（正確にはルーズとも言う）。分娩予約のときも、煩雑な書類への記入があるにはあるけれど、1時間もあれば、ちゃちゃっと書いておしまいだ。手続きが終われば、健診その他はその産院で面倒をみてもらうことになる。

妊婦健診——多いけれど高価な日本

日本は、こと健診に関しても厳格だ。

妊娠6ヵ月目までは、毎月1回の健診に行くこと。そのあとしばらくは2週間に1回のペースで、最後の月には週に1回の健診を受けるように、と決められている。

最初の健診にいちばん時間とお金がかかり、所定の検査をいろいろと受けるので、3万円から4万5千円ほど支払わなくてはならない。次の健診にかかる費用は最初の回にくらべるとずいぶん低く、約5千円から1万円くらいだ。

わたしのところにも、役所から「健診補助券」なるものが届き、最初の健診で1万5千円、2回目以降の健診で各回とも5千円の補助が受けられた。助けにはなるけれど、それ以外にもお金がかかる。自腹で負担した出産費用を合計すると100万円近くは払ったはずだ。これがフランスだったら、社会保障で全額カバーされるので、1ユーロも支払わなくてすむ。そもそもフランスは日本より医療費が安いのだ。国の出産費用負担は、フランスの女性がたくさん子どもを産める理由の1つ。日本では健診費用がかさむせいで定められた健診回数を守らない女性も増えているらしい。

情報が小出しすぎる！

妊婦健診には、2、3時間、ときには4時間くらいかかる。ほとんどが待ち時間だ。健診自体は10分程度。たいていの先生は口数が少なく、あっという間に終わってしまう。

広い待合室には、いつも10人から20人くらいの若い女性たちが座っていた。だれもが妊婦さんだ（そうでなければ、こんなところに来ていない）。

お腹の大きさもまちまちだった。最初の健診の日、明らかに臨月とみえる大きなお腹の女性がいた。思わず、半年後にはああなるのかしら……と思いつつ眺めてしまうわたし。

大きなお腹の女性たちが「NST」と書かれた部屋で「モニタリング」とやらを受け、20分ほど出てこない様子もよく見かけた。実際には中で何をしているのか、これも気になってしかたがなかった。

次から次へと気になることが出てくるわりに、数ヵ月後の身体の変化や検査の様子については、なかなか知らせてもらえない。何でも1ヵ月に1度だけ、小出しに教えられる。それ以上早まることはない。つまり、自分の番がまわってくるまで「先輩」の女性たちが何をしているのか教えてもらえないのだ……。順番を待つことを知らない「アドリブ」タイプのフランス人には、これがつらい！

逆に最後のころの健診では、まだまだお腹の平らな「後輩」たちを横目に、内心こう思っていた。「お先に失礼しますわね。ほほほ。あなたたちに、NSTはまだ早いわよ。大きなお腹になれるのも、まだまだ先！」。

日本の産科で
緊張しながらおとなしく
診察を待つ
うまく先生と話せるかな…

女性ばかりの待合室

　産科医の先生はいつも決まって2人体制だった（先生の顔は毎回ちがう）。ほかには看護師が数人で8つの病室の間を忙しく行き来していて、わたしたち妊婦は順番にそこへと呼ばれていく。医師はたいていが男性だったけれど、看護師に男性は1人もいなかった。旦那さんに付き添われて来ていた女性もほとんど見かけなかった。

　ところがわたしの場合、2回に1回は付き添ってもらっていた。

「おれは働いてないから」と彼は言うけれど、正確には少し違う。漫画家の夫は、自宅の仕事場で、働く時間を自分で決められるだけなのだ。締め切りに合わせたスケジュールがちゃんとある……はずだけど。

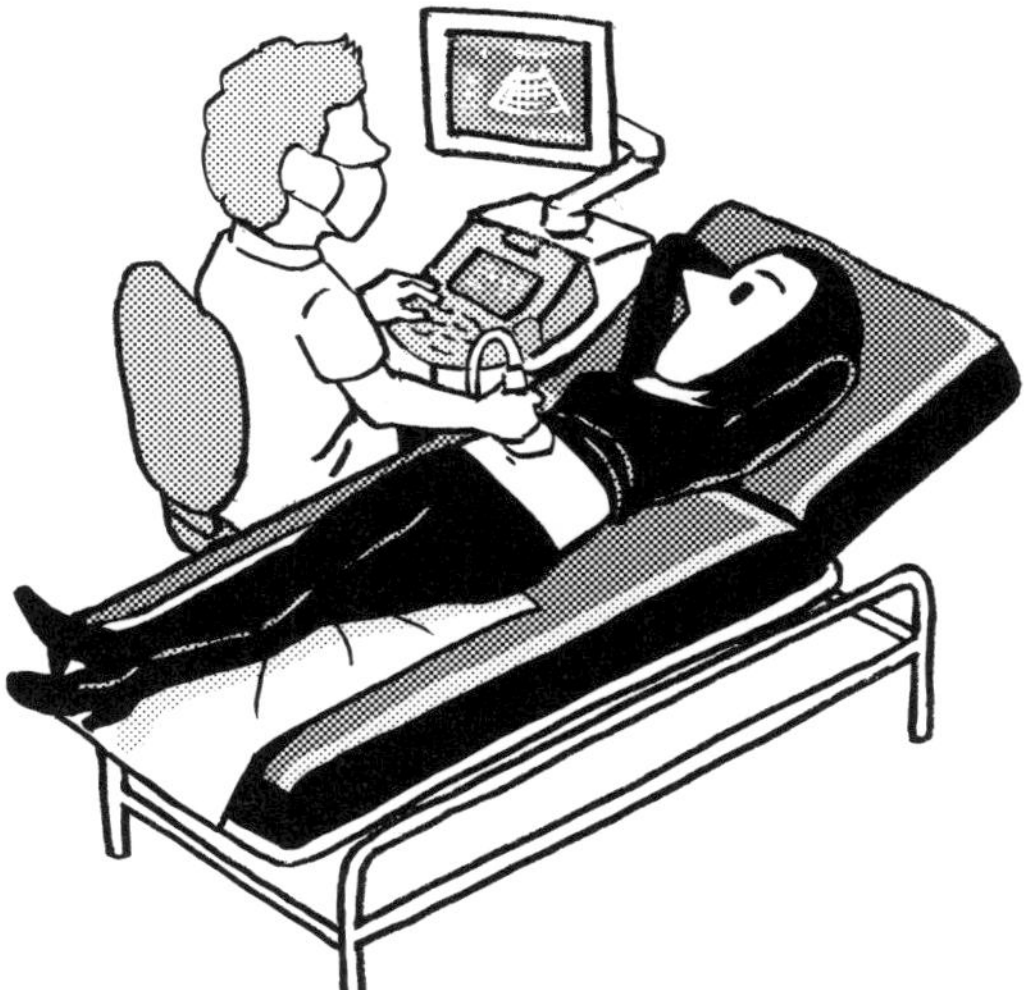
フランスの産科では
リラックスしきって
診察台で大の字

100グラムも増やしてはならない？

病院に到着したら、まず受付で保険証と診察券を小さな箱の中に入れる。それから検尿用の紙コップを持ってトイレへ行き、半分くらい満たして検査室へ置く。それが済んだら体重と血圧の測定だ。

いつも思っていたのだが、服を着たまま体重測定をして大丈夫なのだろうか。真冬なら、毎回の服のヴァリエーションによって簡単に500グラムから1キロくらい増えてしまうのではないかしらと思う。誰もそんなことは気にとめていないようだったが、こういうとき、わたしはつい理論的に考えてしまう。正しい体重を測るためには、毎日同じ時間に、裸で、できるだけ同じ条件のもとに（食事の直前など）測るべきなのでは？　それどころか妊婦健診を受ける時間はいつもばらばらで、何も食べていない場合もあれば、午後の健診のときには2食も食べたあとだったりする。なんて曖昧な体重測定、と思うけれど、誰も疑問に思っていないようだった。まあ、どちらでもいいのだろう。

しかしあるとき、思わず笑ってしまったことがある。先生が体重を見て、

「体重が増えるスピードが早すぎますね。1ヵ月で1キロなんて、多すぎる！　次の健診までには100グラムも増やしてはいけませんよ」と言うのだ。

なにも、そんなにムキにならなくても。そんなにややこしい話ではない。次の健診では薄手のセーターを着て行って、一件落着となった。

日本らしい「キャラクター付き母子手帳」

妊婦健診の内容は、毎回ちがう。そして健診の結果が、役所で交付された母子手帳に記入されていく。

なぜだかわからないが、わたしのもらった手帳の表紙はミッフィーだった。オランダのイラストレーター、ディック・ブルーナの描いたウサギの「*KYARAKUTA*（キャラクター）」だ。日本とは何の関係もない。

これはフランスでは考えられないことだ。大人がキャラクターグッズを持っていることは子どもっぽくて恥ずかしいと考えるのが一般的だからだ。キャラクターグッズはあくまで子ども向けの商品なのだ。

ところで、ミッフィーはキティちゃんのお友達のキャシー（これもウサギ）によく似ている。そのせいで双方の会社が争っていると聞いたこともある。どうしてわたしに、キャシーやキティではなく、ミッフィーの手帳をくれたのかその意図について役所で聞いてみればよかった、なんて。大事なのは表紙より中身だ。

いつも「初めまして」の先生たち

妊婦なら誰でも、健診のたびに何か異常があったらどうしようと不安になるはず。わたしもそうだった。何事もなくて本当によかった。

ただ唯一、困ったなと思ったのは、担当してくれるのが毎回、違う先生だったことだ。どの先生も、その場ではじめてモニターの電子カルテを見て、わたしの情報を確認しているようだった。そういう姿は見ていて不安になる。ただでさえわたしは外国人で、できれば日本人が相手のときよりも丁寧に説明してもらいたいのに。先生たちは、夫が一緒の場合にかぎって饒舌だったと思う。

28週目（7ヵ月）以降の健診では、毎回同じ言葉を聞かされた。

「ああ、逆子ですね」

そう、お腹のなかの赤ちゃんはいつまでも頭を下に向けてくれなかったのだ。最初はたいして気にしていなかったものの、週を追うごとに不安がふくらむ。おかげでわたしたちは、逆子を直すための意味不明なエクササイズ（p87参照）をすることになるのだった……。

無痛分娩という選択

「痛い思いをして産むなんてぜったいにイヤ」

フランスでは無痛分娩はめずらしいことではなく、何も問題ないお産のときにもふつうに行われるようになってきた。最近ではおよそ3人に2人が無痛分娩を選んでいるという。

ちなみにフランスでは無痛分娩63パーセント、帝王切開20パーセントとある（2010年フランス政府調べ）。つまり83パーセントは自然分娩以外の出産だ。多く見積もっても自然分娩は17パーセントしかいない。

下半身に麻酔をかけることで出産の痛みや苦しみを大幅にやわらげる無痛分娩は、フランス人にとっては享受して当然の医学の進歩なのだ。分娩がなかなか進まない場合や母親がとても苦しんでいる場合に用いられ、専門家に言わせれば「難産を救う神の救いのような技術」だという。

この20年間でフランス人女性の多くの意識は変わり、彼女たちはかつて賞賛の対象だった「出産の痛み」を忌み嫌うようになった。1968年のフェミニズム運動などのおかげで「痛みを感じない産み方があるなら、そちらを選びましょう」となったが、それまでのフランスはキリスト教色の強い他国の例にもれず「出産とは痛みをともなうもの」という考えが根づよかった。ちなみに助産師の学校では、麻酔を使わない通常分娩に付き添うための授業よりも、問題のあるお産や無痛分娩についての授業のほうが多いそうだ。

一方で専門家のこういう証言もある。

「無痛分娩には、純粋に妊婦のための医療行為というわけではなく産院の負担を軽くして収益を上げるという目的もあります」

なんとこれは母親向けのウェブサイト *bien-etre-bebe.com* で紹介されていたもの。証言はこう続く。

「通常、助産師はいくつものお産を同時にみなければならないため、無痛分娩でないと同時に何人もみきれません。しかし麻酔さえかかっていれば妊婦さんたちは大人しく、ずっと付き添っている必要もありません。そうすると、もはや産院の母親学級では『出産方法』を教えなくてもよくなります。単に産院での過ごし方と、そして無痛分娩とはどのようなものかを説明すればよいのです」

前述のウェブサイトで無痛分娩の議論はさらにこう続く。

「分娩台の上に横たわったお母さんは、産まれつつある赤ちゃんの状態のコントロールにすべてをそぎながら点滴にも縛られているため、陣痛の痛みは倍増し、お産にかかる時間も長引きがちです。事前の準備がなければ自分で痛みをコントロールすることができなくなることもあり、すると、もともとは望んでいなくても、土壇場で無痛分娩を希望する人もでてきます」

しかし通常分娩の場合に、途中から無痛分娩に切り替えようとすると、余計に難産となってしまうことがある。このすばらしい医療技術の恩恵にあずかるためには、心身への代償がまったくともなわないわけではないのだ。そのためか、最近では無痛分娩を受けることに疑問を持ち、より自然なお産を選ぶ女性も増えている。

たとえば友人のパスカルは、

「最初の子のときには無痛分娩にしたの。でも2人目のときにはできるだけ医療機器に頼らずに、自力で赤ちゃんを産みたいと思ったわ」

と言い、自宅で出産したいくらいだと語っていた。

日本の無痛分娩は、まだまだめずらしい

日本では反対に、無痛分娩が普及していない。婦人科の勧めで、妊娠がわかったときから産院探しをはじめたわたしは、まず条件として無痛分娩を受けられるところを探してい

た。それが当然だと思っていたからだ。

その結果、東京都内で見つかったのはたったの20ヵ所ほど。さらに24時間、週7日、年中無休体制の産院という条件を加えると、数はぐっと絞られ、たった2つか3つの病院しか残らなかった。

最終的には荻窪にある病院を選んだ。自宅からも職場からも1時間かかるところにあり、便利とはいえないけれどしかたない。80年以上の歴史ある大きな病院で、年間1500件のお産のうち約80パーセントが無痛分娩だという。無痛分娩を得意とする病院なのだ。

一方、日本全国の無痛分娩の割合は平均で10パーセント以下。間違いなく先進国の中では最下位だろう。それはお産に痛みはつきものであり、母親はそれに耐えるべきという考え方が深く根付いているからではないか、と日本産科麻酔学会も述べている。

残念ながら日本人女性の多くはだまって痛みに耐え、ときにはつらいお産の思い出を抱えているようだ。たとえば友人のヨウコは、

「お産はほんとうにつらかった。2人目ができたら、無痛分娩がいいわ」

と言い、実際にそうした。逆に昔からの風習をやぶり、無痛分娩を選んだ友人もいる。

その中の1人、ケイコはこう言っていた。

「わたしはとても痛みに弱いから、子どもを産むために苦しむっていう考え自体がこわか

った。だから無痛分娩を選んだの」

無痛分娩自体は少数派でも情報を求める女性の数は多い。少しインターネットで検索しただけでも未来のママたちの抱える疑問や質問の多さに驚く。フランスと同様、日本でもQ&Aサイトやブログ、専用のサイトなどで体験者を含めた女性たちが意見を交換しているのだ。

無痛分娩は、たしかに女性の声なくしては普及していかないのだが、産院の設備も整える必要があるし、しっかりと技術を身につけた人材も必要になってくる。本来であれば女性には両方選ぶ権利があるはずなのに、今は日本の出生率が低く、お産の環境が改善されるチャンスも同時に少なくなっていく傾向にある。

女性が自分にとってより快適な分娩方法を選びたいと思っても、実際にかかる費用といえば、どんな家庭でも支払えるような額ではないのが現状。これでは、お世辞にも選択肢が用意されているとはいえない。かたやフランスでは、無痛分娩の費用は完全に社会保険でカバーされるのだから。

長ーい注射と長ーい針

夫婦そろって病院で無痛分娩の様子（固定カメラで撮影したもの）を見せてもらったとき

には、正直いって使用されている針や、背中に刺す注射の長さなど、いろいろと驚くことがあった。

予定日の6ヵ月以上前のことだったので、その後の6ヵ月間、わたしはしょっちゅうこの映像を思い返しては迷うことになる。そして、できることなら麻酔をかけた場合とかけなかった場合の痛みを実際に両方体験してくらべられたらいいのに……と思った。それはわたしがマゾだからなのではなく、この人工的な処置が本当に妥当なものかどうか、体験してみるまでは自分自身の意見を持てないと思ったからだ。

無痛分娩に反対する男性

無痛分娩に反対していようがいまいが、それが体験者の女性自身からの意見なら、何にも勝るのではない。逆に、ときどき男性で無痛分娩に反対する人の意見を耳にすると困惑してしまう。どちらのお産だって自分自身で体験することは不可能なのに、どうして批判できるのだろう。

最終的にはわたしも男性たちと同様、自分の体験に基づいた意見を持つことは叶わなかった。もともと無痛分娩を望んでいたのに、おなかの中の赤ちゃんが頭を上にした状態で動こうとせず、最後までひっくり返る様子を見せなかったのだ。その結果、安全のため帝王切開をすることが、予定日の3週間前にすでに決定してしまった。

結果的に無痛分娩に似た処置として「麻酔」を体験することになったわけだけれど……。

帝王切開にくらべたら、無痛分娩のほうが快適なのは確かです。自分のおなかをメスで切られる感触を感じながらのお産——しかもこの場合の麻酔は全身ではなく局地的——にくらべれば、ずっとマシなんじゃないかしら！

背中に
打つシーンで 驚く

アイディアだけはすばらしいマタニティマーク

日本人の真面目さといったら。誰もが絶えず「おじぎ」しているし、公の場ではささいなミスであっても反省してみせなきゃならない。そう、ご存知の通り彼らは世界で最も礼儀正しい人々なのだ……少なくともうわべだけは。

なぜうわべかって？　それは礼儀正しさの楽園ともいうべき地上から地下に潜り、世界有数の安全性と正確さを誇る地下鉄に乗ってみればわかる。なんと日本人の男性は、めったに妊婦に席を譲らないのだ……。

おなかが大きくなりすぎて自転車通勤をあきらめたわたしは、出産までの数週間、毎日ラッシュ時に地下鉄と電車に乗っていた。そしてそこで失望することになる。

他の国の大都市を走る電車と同様、東京の地下鉄には車両ごとに決まった数の優先席が設けられている。優先の対象は妊婦や障がい者、それから高齢者や小さな子どもを連れた乗客たち。車両ごとに8席から16席が用意されている。

でもそこは、優先される必要のなさそうな人が陣取っていることがほとんど。彼らは大抵つらそうに立っている妊婦に無関心で、顔を上げようともしない。いくらこっちが「無礼者め」と思って「マタニティマーク」を見せつけても反応がない。

認知度の低いキーホルダー

犯人たち（ロボットと呼んでもいい）の様子を観察してみよう。学生のこともあれば、見た目からしてサラリーマンだったりもする。中には泥酔した50代くらいの男性で、同僚たちとうっぷんを晴らしてきた帰りといった様子の人もいる。

そして悲劇は夜の時間帯に起きることが多い。ある夜10時半頃のこと。調布方面行きの電車に乗っていたわたしの前に、優先席が４つあった。でもそこには若い男の人たちがどかっと腰をおろしていて座れない。４人中３人は携帯電話の画面にくぎ付けで、残りの1人は携帯ゲーム機に夢中になっていた。

眠りこけているのでもない限り（実際、日本の地下鉄にはそういう人が多いけど）ほんの50センチ先に立っている妊娠6ヵ月の女性に気が付かないはずはないのに……。

彼らは全員、わたしの出っ張ったお腹をちらっと見ていた。それなのに、どうやら席を譲るという発想は誰1人として頭にないらしかった。こういう場合、いくら妊娠していることを示すキーホルダーがわたしのバッグのヒモでゆらゆら揺れていても意味がない。

マカロンみたいにかわいいこのキーホルダーは、近所の区役所でもらったもの。そこには「おなかに赤ちゃんがいます」と書いてある。同じイラストが優先席マークの上にも貼ってあり、乗客にそれとわかるようになっている。

ここまでのコンセプトと努力はわかる。でも残念なことに、今のところ大して役に立っていないのだ。このマークを発案した団体自身も認めているように、人々の認知が足りていないのが原因。だって乗客のうち圧倒的な数を占める男性客たちが、マタニティマークの存在自体を知らない様子なのだから（ちなみに日本人であるわたしの夫も、おそるおそる「そんなマークの話、聞いたことがない……」と白状していた）。

たとえば軽犯罪が絶えないフランスのメトロでは、車掌だったり警官だったり、他にもヘルメットをかぶった監視役がときどき車内を巡回している。けれど日本にはそういうシステムもなく、優先席を陣取る「ならず者」たちを追い払ってもらうわけにもいかない。

理解されない妊婦のつらさ

とくに気がかりなのは、男性たちのほとんどが妊娠と肥満の違いすらわかっていない様子で、妊娠している女性の大変さをまったく理解していないところだ。

一方、一部の例外を除けば、女性たちはすすんで妊婦に席を譲ってくれる。大抵はにこやかに、やさしい言葉もかけてくれる。男性の中にこういった人がいたとしても少数派で、大体が40代の父親になりたてといった感じの人たちだ。きっと奥さんから妊娠中の大変さについて聞いているのだろう。

あるときなどは、わたしの目の前で最後の空席に飛びつこうとしていた男性を見て、そばにいたおばあさんが叱ってくれた。それから、若い女性が優先席ではない場所で席を譲ってくれたこともあった。

わたし自身は、10分以上電車に乗っていなければならない場合、本当に座る必要があるほど体がつらくなってきたら遠慮なく座っている人に頼んで席を替わってもらうことにしていた。それはまあ、もともとわたしが外国人で人目をひくし、ちょっとくらい無礼なことをしても大目に見られるからできることかもしれない……その証拠に、日本人の妊婦さんがわたしのように不躾に「席を譲ってください」と頼んでいる姿はほとんど見かけなかった。

勇気を出して言ったが

ある土曜のこと。若い男性に席を替わってほしいと丁寧に頼んだあとで、さらにもう一人どかさなければならなかったことがある。

近くにわたしと同じように大きなおなかをした女性が立っているのが目に入ったのだ。だまって耐えている彼女は、明らかにつらそうな様子だった。そのとき、わたしの隣の席には20代後半のおそらく独身の男性が。まったくご婦人の様子など我関せずでシートにもたれかかり、音楽を聴いていた。

そこでわたしは彼の腕をゆすり、ヘッドフォンを外させてこう言った。

「この女性は妊娠しているんですよ」

それだけでは足らなかったらしく、彼は「それで?」と一言。

それで、わたしは言った。

「席を替わってあげてって意味ですよ!」

マタニティマークも優先席もないフランス

日本人男性たちのこうした態度はどこからくるのか?

この事実を知った多くのフランス人男性が驚き、女性たちのほうは憤慨していた。

フランスに「マタニティマーク」は存在しない。パリのメトロには優先席もない。なぜならすべての席は、明らかに必要としていそうな人に自然と譲られるからだ。

わたしの知人のフランス人たちは口をそろえて、「妊婦さんが乗ってきたらすぐに席を譲る」と断言している。

おそらく本心からそう言っているのだと思う。仮に、言葉と現実の間に多少の差があったとしても、ヨーロッパ文化のベースにはレディファーストの精神がある。中でも妊娠した女性というのは、もっとも大事に扱われるべき存在として考えられている。この考え自体がもともと日本にはないのかもしれない。

また、日本人男性の電車内での態度を観察していて、「公の場では他人に干渉しない」という慣習がこの国にはあるのかもしれないとも思った。「他人のことに口をはさんで面倒な目にあいたくない」といった発想なのだろうか。

一方、ヨーロッパではというか、とくにフランスではよく、

"*Mettre les pieds dans le plat*"（「お皿に足をつっこむ」という慣用表現）と言い、微妙な問題でも思ったことはすぐ口に出す態度が自然と身についている。ことが妊婦に関していえば、たとえそれが文化的背景による「無関心」だったとしても、それは単なる「無知」に過ぎなくなる。多くの日本人男性の中でもとりわけ若い男性たちは、妊娠しているという状態が一体どういうものなのか知らないとしか思えない。

赤ちゃんがおなかに入っていることで、その女性が普段よりも周囲の気遣いを必要とすることなど、きっと想像したこともないのだろう。単にこれまで教わってこなかったのだ。出生率も驚くほど低下している今、妊娠している女性も身近にいないのかもしれない。

声をあげなければ変わらない

ただ、一概にすべての男性が席を譲ってくれないというわけではない。

東京の地下鉄での反応も、もちろん人による。日によっても時間帯によっても変わってくる。

つまり、座りたければラッシュアワーと夜遅い時間を避ければいい。

フランス流の「*Après vous Madame*《アプレヴーマダム》」（「お先にどうぞマダム」つまりレディファースト）は、日本人には馴染みがないだけのこと。

だってこの国の男性は、うしろからやってくる女性のためにドアを開けて待っていてはくれないもの。それどころか、こちらに一言も断らずに、平気でバタンとドアを閉めて行ってしまうくらいなのだから。

ましてや公共の交通機関で、妊婦が座れずにただ黙って耐えなくてはならないという現象は、まさに男性社会ニッポンの縮図。

日本企業ではいまだに「通院や出産で欠席しがちだから」「担当した仕事をまっとうできないから」といった理由で、女性の妊娠はやっかいなことと思われている。ひどい場合は辞職に追いやられることすらある。もし幸いに退職を免れたとしても、産休後に以前とまったく同じポストに戻れる保証もないのだ。

こども未来財団が２０１１年に行ったアンケート調査によれば、わたしの経験が例外ではないことがわかる。アンケート対象者のうち約36パーセントの女性が、妊娠中に世間の無関心や冷たい態度に遭遇したことがあり、その解決策は「耐えること」もしくは「自力でなんとかすること」だと答えている。

でも、ちょっと待って。

そんな方法が唯一の解決策なワケがない。本来なら逆だろう。自分たちの権利を主張してこそ社会はいいほうに進歩していくはずなのだ。だからたとえば、もっと大々的に知識を広めるためのキャンペーンを実施してはどうだろう。企業が社員向けに、そして高校や大学などの教育機関が、もっと若い世代に向けて行ったらいいと思う。

東京の「マタニティタクシー」

ある記者会見から会社に戻ろうと、同僚の日本人女性とタクシーに乗ったときのこと。運転席の後ろの宣伝用ポケットから、チラシが少しはみ出しているのに目を奪われた。はみ出した部分から、「マタニティ」の文字と「マタニティマーク」のピンク色だけが見える。少しお行儀が悪いのは承知で、1枚もらうために同僚の前に身をかがめた。

「マタニティタクシー！　なんて便利なの！」

日本語で、思わず声に出してしまった。ついチラシに手が伸びたのは、この本に役立つような気がしたからだったが、その点、わたしは間違っていなかった。

あるタクシー会社が、なんと、お産をひかえた女性を病院まで安全に運んでくれる「マタニティタクシー」というサービスを提供しているらしい。彼らのスローガンは、「妊産婦様に優しい環境づくりを目指して……」。年中無休、24時間営業、電話1本で、妊娠した女性に対応してくれるそうだ。利用するにはあらかじめ登録が必要で（お産の数ヵ月～数週間前までに）、出産予定の産院を伝えておけば、お産当日は電話1本で飛んできてくれると書いてある。

さらに、この会社が東京に配備している約３０００車のタクシー全車に防水シートが装備され、乗車中に女性が破水しても大丈夫なようにできているそうだ！

もし破水してしまった場合もクリーニング代はかからないことが、チラシにはっきりと書かれていた。しかも値段は驚くことに、昼でも夜でも、ふつうのタクシーと変わらないのだ。

チラシを読むかぎり、未来のお母さん《プレママ》たちにとって理想的なタクシーサービスだと思う。わたしも、この１枚は手元に置いておきます。

職場への妊娠報告

バレないものなら、いっそ言わずにすませたい。

働く女性が妊娠したとき、誰もが経営者の顔を浮かべながらそう思うはず。そう、言わずにすませられたら……。

けれど、いくら最初の数ヵ月はお腹が目立たないといっても、妊娠によって明らかに体調は変化していく。できない仕事も出てくる。なにも知らない人からは、ともすれば「たるんでいる」「熱心さが足りない」などと非難されかねないだろう。さらに運悪く居眠りしているところを起こされたり、しょっちゅうトイレに立つことをとがめられたりした日には……（つわりだからしかたないのに）。それに、身体にさわりそうな仕事を任されたりしたら大変だ。

ただ、早すぎる報告もリスクがある。安定期に入る前から、「健診で休みがちになり、産休で数ヵ月間も穴をあけるような女性には、大事な仕事は任せられない」と会社から判断されて、実力とは関係なく信用を失うことは避けたいものだ。

それでも、するかしないか、選択肢は2つに1つしかないわけだから、あとは最適なタイミングを選ぶことがカギとなる。じつはわたしの場合、報告はあっさりと早めに済んでしまった。理由はいくつかある。

◎理由その1

当時のわたしは、屋上から「わたし、妊娠したのよ――!!」と叫びたいほどの有頂天。「報告は不幸を招くとか、そういうジンクスってあったかしら?」という程度の心配しか頭になかった(こう見えて、迷信深くなるときもあるんです)。

◎理由その2

しばらくつわりがひどかったのと、眠くて仕方がない時期があったので、身近な人間にだけでも知っておいてもらう必要があった。体調が不安定なので、報告しておくことで、ミスはないか、やり忘れていることはないかなど周囲にチェックしてもらえる。

◎理由その3

支局長が、とにかく社員に理解のある、信頼できる人物だった。

結局、報告をする前によく考えてみて、同じ通信局で働く社員全員に知らせることもないと思い、ごく身近で働く人にのみ報告することに決めたのだった。

こうして、妊娠2ヵ月、婦人科での2度目の健診のあと、ついに支局長への報告を決行した。

そのときのわたしの心境はといえば、不安どころか、胸をはずませていた。

日本ではたいていの場合、こうはいかないのかもしれない。けれど、わたしとそのフランス人の支局長とは、じつにいい関係を築いていたのだ。支局長は60代だが、10歳は若く見える。彼が5年間の支局長の職に任命される前のこと、一緒に働いていた女性の１人が、「ふさふさの白髪ね。渋くてすてき（ほんとうに美しい白髪なのだ）」と言っていたが、まさにその通り。尊敬を込めて、また、立場を重んじたいという気持ちから、わたしはつねに敬語で話しかけるようにしていたものの、本人から「みんなと同じように、敬語はやめてくれ」と通算１００回は言われていた。

そして彼はよく、社員に向かってこうも言っていた。

「働きすぎてプライベートを犠牲にするんじゃないぞ」

こういうフランクなタイプの上司が相手だったので、妊娠のことも自然と緊張せずに話すことができた。

上司の反応は？

当日は、仕事のピークが過ぎたころを見計らって「15

上司の支局長・ジルさん

分ほどお時間をいただけますか」と声をかけ、報告をした。

「個人的に、すごくうれしいことが起きたんです。でも会社にとっては、うれしくないニュースだと思います。余計なお仕事を増やしてしまうと思いますし……。その、じつは、妊娠しました」

そのときに返ってきた言葉といったら！　信じられないような返事が返ってきたのだ。

「えーっほんとうかい!?　やったぞ、ブラボー!!　君とご主人、ほんとうによかったなあ。仕事のことは任せてくれ。なに、休みのあいだは適当に代わりをみつけるからさ。とにかく君は身体をだいじにね。今にわかると思うけど、赤ちゃんが生まれるって最高だよ。うれしいなあ。ああ、本当にうれしい」

まさか、こんなセリフが聞けるなんて！　ここまで喜んでもらえるとは思わず、わたしも驚いてしまった。そのうえ、わたしの産休が3ヵ月であれ、4ヵ月であれ、はたまた5ヵ月であれ6ヵ月であれ、復帰したときには同じポストと権限が当然のように保証されているなんて。

「すみません、産休のあと、わたしにはまだ席があるでしょうか？」と聞くまでもなかった。質問していたらきっと「なんてバカげた質問なんだ、あたりまえだろう！」と一蹴されていたことだろう。

フランスにもある「マタハラ」

これを読んだみなさんは、フランス人がうらやましいと思うかもしれない。たしかにわたしの場合はうまくいったけれど、実は日本と同じように、産休が法律で保証されていても、フランスのすべての企業で例外なくこうした待遇を受けられるとはかぎらない。

フランスでも、契約によって定められた雇用期間内で、契約更新のめどが立たないまま働いている女性が多い。このような場合、経営者側は別の解雇理由をでっちあげて、実のところは妊娠を理由に女性を解雇してしまうことがある。いわゆるマタハラだ。

幸いわたしの場合はこの手の不安とは無縁だった。そればかりか、ちょうど報告の時期の数ヵ月前に、会社と新しい契約を結んだばかりだった。その契約は、日本の法律にきちんと基づいたもので、大好きなこの会社でのフルタイムの職と給与を保証してくれるという内容のもの。この契約のおかげでわたしは日本にいることができる。間接的にではあるけれど、将来の夫であり、息子の父親ともなる男性と出会えたのも、この会社のおかげだ。

こうして報告も無事におわり、それからは、すがすがしい気持ちで会社に通った（そんな気持ちがしたというだけで、実際には地獄のようなつわりが2ヵ月間続いていたわけだけれど)。これで健診があっても堂々と会社を抜けられる。勤務中につらくなったら、数分間休んだって大丈夫だ。

わたしが妊娠したという話が少しずつ社内の人たちに伝わっていくのにしたがって、徐々におなかも大きくなっていった。そして取材の仕事も、まったく今まで通りとはいかなくなっていった。

変わらない仕事

あるとき、当時の原発事故担当大臣、細野豪志氏に同行して福島第一原発へ取材に行くチャンスがめぐってきた。せっかく日本政府から声がかかっていたのだが、妊娠中のわたしが行くなんて論外、ということで断るしかなかった。それがきっかけで、同じ職場の日本人スタッフたちにも妊娠していることを打ち明けるかたちとなった。原発問題は、3・11以降にわたしがもっとも力を入れて追いかけていたテーマの1つだったから、理由がわかるまではみんな首を傾げていたらしい。

それでも、それから9ヵ月ののち、念願の福島第一原発への取材を叶えることができた。無事に子どもも生まれ、授乳期間も終わった頃、今回は安倍総理に同行する機会がめぐってきたのだ。

ほんとうに支局長が約束してくれたとおり、AFP通信社東京支局の特派員としての復帰をはたし、以前と変わらない仕事を続けられている。

きらいな言葉「キャリアウーマン」

わたしはふたたび手にしたこのポストを誇りに思っている。そして、できるかぎり維持したいと願っている。それは、自分の子とできるだけ長い時間を過ごしたいと願うのと同じくらい、真剣な気持ちだ。ただそのことで、「キャリアウーマン」と呼ばれてしまうのは悲しい。

「キャリアウーマン」という言葉はきらいだ。この言葉は、まるでその女性だけが特殊な存在で、仕事一筋の、自分のキャリアにしか興味がない人物だと決めつけるような、侮蔑的なニュアンスを含んでいる気がする。子どもを産んだ今となっては、なおさらキャリアウーマンとは呼ばれたくない。

子どもを育ててはいるけれど仕事だって愛している。ましてや、子どもがいるからといって、仕事を捨てて子どもにすべての時間を捧げなくてはいけない、というのもおかしい。

正直なところ、わたしには日々いい仕事をしていきたいという意識があるだけで、出世は望んでいない。その可能性は低いと思うけれど、万が一打診があったとしても引き受けることはないと思う。ジャーナリストとしての昇進には、大きな責任と義務がともなう。同じように、わたしには家庭での責任と義務がある。昇進してしまったら、両方ともまともにできなくなってしまう。

たしかに子どもを産むまでのわたしは「キャリアウーマン」と呼ばれても仕方がなかったと、わかっている。わたしの妊娠を知った日本人の知り合いたちが驚いたのも無理はないということも。彼らは今頃、わたしの母親ぶりを訝しく思っているに違いない。

けれどわたしの答えはこうだ。

最高の母親でないことは確かでも、最悪というのとも、ほど遠いんじゃないかしら。少なくともわたしは、子どもと夫の幸福をいちばんに願う、幸せいっぱいのママなのだから。

「羊水検査は当然」のフランス

自分の場合、まず、赤ちゃんの発育が確認できないうちは、妊娠したことも、ママになることも、200パーセントは喜べなかった。3ヵ月が経って、それ以降は流産の可能性が5パーセント以下に下がったとわかっても、なかなか気持ちが落ち着かなかった。なぜなら、もう1つ検討しなくてはならない重要な問題が残っていたのだ。

それは、産まれてくる赤ちゃんがダウン症である可能性はないか？　ということ。それを確かめるには、豊富に選択肢があるわけでなく、当時は羊水検査をするしかなかった。この検査は100パーセント信頼できるという噂を耳にしたことがあるけれど、その一方で、検査を受けると流産してしまう確率がおよそ1パーセントあるという。1パーセントというのは低いようでいて、決して無視できない数値だ。

不安と葛藤の日々

実は38歳のいとこのことが頭をよぎっていたのだ。

彼女は数ヵ月前、初めて妊娠した赤ちゃんを、ダウン症やほかの重度の障害のせいであきらめなくてはならなかった。そのあと彼女はふたたび妊娠をして、幸いなことに、ラッサという名のかわいい赤ちゃんを産んだけれど、この一件がわたしも含めたまわりの人間にショックを与えたのは間違いない。

だから、たとえ日本の病院から「検査は完全自己負担。費用は10万円」と言われても、年齢とともに劇的に高くなるリスクを考えて、羊水検査は受けようと決めていた。

この検査の費用を保障しないなんて、日本の制度は間違っているとは思うけれど、たいてい妊娠に関する費用は保険のきかない国だから、いずれにしても、この検査も自己負担だろうとは思っていた。

ちなみに日本では金銭的に余裕のある人にしか受けられない検査だけれど、フランスでは38歳以上の女性は受診をつよく勧められるばかりか社会保障が完全に適用される。だから、すべての人に平等に検査を受ける権利があるのだ。そういうところは、フランスを自慢していいと思う。

どこで受ける？

話をわたしのことにもどそう。担当医たちの機嫌をそこねないよう気を遣いながら、慣習通り、まずはトリプルマーカーテスト（妊娠期に増えるホルモンのうち胎盤に関係するものなど3種類の濃度をマーカーテストによって調べる血液検査）を受けたいと申し出て、おとなしく結果を待つことになった（とても悪い結果だろうと予想しつつ）。そして病院に言われるままに検査費の1万円を支払う。

「だいたい10日以内に、羊水検査が必要だと思われた場合にだけお電話いたします」

そう言われた約1週間後、思っていたとおり電話が鳴った。

「もしもし、トリプルマーカー検査の結果が出ました。また来院いただきたいのですが」

「わかりました。明日の朝には……」と答えてから、こう聞いた。

「数字が悪かったんですよね？　違いますか？」

「規則ですから、お電話では申し上げられません。先生に直接聞いてください」

そう言われてもちっとも安心できない。それどころか恐怖さえ覚える。こうなる展開を予想していたのが不幸中の幸いだ。

翌日。予想していたとおり、数字はじつに悪かった。ダウン症の確率16分の1。データによると、わたしと同じ年齢の人の平均は64分の1。言い換えれば、わたしのホルモン状態は、年齢によるリスクを4倍増しにしているのだ。想像以上に悪い結果だった。

でもわたしは、「ポジティブ・シンキング」という名の自己暗示法の信奉者だから、すぐに気持ちを切り替え、さらに夫を安心させる方法を思いついた。16分の1は、つまり6・25パーセントのこと。逆に考えれば、93・75パーセントの確率で健常児ということ。病院側によれば、ダウン症でない確率が99・9パーセント以下だった場合には羊水検査を受けることが望ましいということだったから、そんなふうに考えると不安が軽くなった。

そして、この時点で自動的に羊水検査を受けることが確定したのだった。

せまられる3つの選択肢

が、しかし。とてもマズいことに、ちょうどそのタイミングで、日本人で漫画家の夫が、パリで行われるブックフェアに招待されたという知らせが届いた。しかも今回のフェアのテーマは日本。作家兼ジャーナリストとして、また、マンガの歴史について本を書いた者として、わたしも同様に招待され、フランスの作家たちと日本作家たちのトークショーの司会をするように頼まれてしまったのだ。

さらにテレビ番組への出演依頼まで入り、こんな話を断れるわけがないと、3週間のフランス旅行が決まってしまった。しかも1週間以内に出発……。

そこでわたしは、理論上、3つの選択肢をせまられることになる。

1、出発前に日本で羊水検査を受ける。
2、出張先のフランスで羊水検査を受ける。
3、帰国後に日本で羊水検査を受ける。

まず1は産院の一言であっけなく消えた。「金・土・日は検査を行っていません。月曜が一番いいと思いますけど、長時間飛行機に乗るのに、その2日前に検査を受けるのはとっても危険ですよ」

同じく3の可能性もあっという間になくなった。結果が出るまでにかかる時間と、出産を望まない場合のことを考えると、対応が可能と定められた19週目を過ぎてしまう。

パリの名門「ネッケル産婦人科」へ

そうと決まれば、今度はフランスの病院に急いで連絡して予約をしなくては！　そのためには、さっとモードを切り換えて、「フランス式手続き」に慣れること、つまり、進まない物事をサクサク進めるために、要領よくふるまう必要がある。

とりあえず、元パリジェンヌのはしくれとして、一番評判のいい産婦人科があるのはネッケル病院だと思い出すのに時間はかからなかった。ただし、少なくとも評判がいいのは電話受付の対応のことではなさそうだ。どの病院でも同じ有様だというのでもない限り、この病院の電話受付はパリでワーストワン、最悪じゃないだろうか。

まさに地獄！　いろんな時間帯を試し、少なくとも30回はかけたのに、いつでも「おかけ直しください」という音声が流れるばかり。たったの一度だけ人間らしきものの声が聞こえたかと思ったら、「番号が違います。XXXXXにかけ直して！」とあしらわれる始末。

あの、さっきからその番号にかけてるんですけど。しかし、電話の向こうの彼は、まったく聞く耳を持たない。さっさと電話を切られてしまった。

うんざりして、この手のことが得意な勤め先の上司に相談してみた。するとなんと、パリ本社の医師が、病院のヘッドオフィスに電話をしてくれ、数時間後には希望の日の予約がとれたのである。パリは平等で公平な社会だと思われているかもしれないが、実はコネクションが重要なのだ。なんともフクザツな気分だが、これもフランスの現実だ。

パリの産婦人科待合室には男性がたくさん

パリでは、ブックフェアでの仕事の結果にも十分満足できた。そして機嫌よく予約日を迎え、ネッケル病院の育児学センターへ夫に付き添われて行った。

待合室にはカップルがたくさんいたけれど、その多くが移民系の人々で、40歳前後の妊婦も多かった。

わたしは、すぐに東京の病院の待合室の景色との2つの違いに気が付いた。日本では、来ている女性たちはもっと若く（少なくとも見た目は）、出産前の健診には1人で来ていた（きっと夫たちは、妻に付き添うために仕事を数時間抜けるのもなかなか大変なのだ）。やはりフランスでは、オフィスを抜け出すのは夫たちにとってずっと簡単で、とくにめずらしいことではないのだろう。

産婦人科の待合室で目にした風景
移民系の人が多い

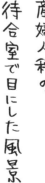

日本の3分健診と全然違う！

約3時間待たされ、感じのいい、やさしげな助産師との問診を終えたあと、せいぜい40歳くらいといった感じの、わたしの担当だという若い先生が来て、まずはじっくりとエコーを行った。

そこでわたしは大喜びだった。なぜって？　なぜなら、先生はゆっくりと、あらゆる角度から赤ちゃんを見せてくれ、映し出された大事な場面ごとにカメラを止めて説明をし、どこも健康ですよと言いながら写真を撮っていったのだ。「全部の写真をCDに焼いて、あとでお渡ししますね！」とさえ言ってくれた。

エコーで、すでにおちんちんがはっきりと確認できたので、男の子だということもわかった。ああ、こんなに嬉しいことはない。だって、これまでに体験したエコーは一言も声をかけてもらえずに終わるか、あっても、「今のところ異常なしです」だけ。ものの3分ほどで終わってし

東京
平日の昼間だと
付き添いの夫の姿は
ほとんど見られない
若い女性が
多い

まうものばかりだった。日本では、最初の健診からずっとこの調子だった。

いざ検査室へ

健診はその後も順調に進んだ。羊水を採取するための検査室に入るよう言われ、おなかに塗る黄土色のヨードチンキで汚さないよう服を全部脱いで使い捨ての検査着に着替えた。もう1人、2人の看護師を連れた先生が現れ、先ほどの若い先生と合流する。夫は外で待つよう言われていた。先生たちはみんなとても信頼できそうな感じで、わたしはその頃にはすっかり安心しきっていた。

それから、羊水を採るために刺される針が赤ちゃんに刺さらないよう、エコーで動き（よく動く）を確認。刺された瞬間は少しチクっと感じて、液体を吸引されているような感触がしたけれど、とくに痛みはなかった。

「終了です。無事に終わりました」

先生はそう言って部屋を出て、廊下で待っていた夫にも同じように声をかけていったようだった。それに続いて血液検査があり、あとは30分ほど長椅子の上で休んで終了となる。

病院を出るときは一切支払いをしなかった。およそ400から500ユーロの請求書（日本の半額・約56000円）がわたしの会社の医務室に直接送られ、のちにわたしに転送されることになっていた。

それから、2日間は安静にしているよう言われ、医学的に10日間は流産を防ぐためにセックスをしないほうがいいとも言われた。

助産師からは、FISH法でわかる21トリソミーの結果は、翌々日には連絡できる、最終的な結果も3週間後には出るといわれた（染色体の検査法の1つで特定の染色体の異常のみ調べる方法。21トリソミーに異常があることをダウン症という。すべての染色体の異常を調べるのにはもっと時間がかかる）。

でも、じつは結婚を祝う家族での食事会が検査から4日後に計画されていたので、万が一のことを考え、雰囲気を壊さないために、それ以降にしてもらえるようお願いをした。

そして後日、快諾してくれた助産師は約束通り、日にちを選んで連絡をくれたのだった。

ありえないミス

「こんにちは、マダム。お元気ですか？　その後、痛みとか出血はないですか？」

「いいえ、まったく。その節はどうも。それで、結果が出たんですか？」

「その実は……。もう一度お越しいただきたいんです」

一瞬、最悪のケースを覚悟した。

1

戸惑いとトラブル続きの「妊娠と出産」

「あの……検査結果に問題が？　ええと、今、郊外にいるのですぐには伺えないんです。明日の朝にならないとパリ市内に戻れないんですけど……」

「いえ、実はね、そうではなく……結果自体がまだなんです……」

「どういうこと？　結果がまだ？　なのにどうしてそちらに行く必要があるんですか？」

「実は検査に必要な、採取した羊水がなくなってしまったんです。ごめんなさいね、こんなことが起きたのは初めてなんですよ。こちらの担当医のせいじゃないんです。羊水のサンプルはたしかに検査室を出たのに、なぜか離れたところにあるラボまで届かなくて。運搬のときに問題があったんですわ。何日探しても出てこないんです。だからもう一度、初めからやり直さないと」

「……わかりました。明日10時に伺います」

このとき、数日前にもらったCDにエコーの写真が1枚も入ってなかったことは、あえて追及しなかった。ほんとに、たったの1枚も入っていなかったんだから！

ここまでは、まるで、わたしがずいぶん落ち着き払っているかのように読めると思うけれど、そんなわけがない。実際は、電話を切るやいなや、夫や家族の前で状況を説明しながら泣き崩れてしまった。

何がショックだったかって、最初の検査は完璧にうまくいって、これで流産の可能性はほとんどなくなったと安心していたのに、わざわざまたリスクを負って同じ検査をしなければならないなんて……。羊水検査を相次いで2回も受けたら、流産の可能性は増すんじゃないだろうか？　夫のほうがわたしよりもっと途方に暮れていた。

でも、わたしたちにはあまり選択の余地が残されていないのも事実だった。

誰も謝らない病院の人々

パリに戻って、ふたたびネッケル病院の育児学センターを訪ねると、助産師が気を遣ってわたしたちを待っていてくれた。さり気なく謝罪をしながら、医師を呼んで状況を説明している。ここが日本だったら、ものすごく恐縮して謝ってくれるのがふつうだけど、フランスでは期待するだけ無駄だ。謝罪しながらも終始、運搬係のせいにしていた。

すると、彼女はわたしたちの冷静すぎる反応に気づいたようだった。怒って当然の状況だったけれど、わたしは平静を保ち、まったくそんなそぶりを見せなかったのだ。

なぜかって？　それは単に、数分後には自分のおなかに針を刺すであろう先生の気分を害したくないからだ。彼らは目を丸くして、あまりに静かで一言も発さない患者にあたって、うれしそうですらあった。

こうしてわたしは、これから行う検査で、いかに彼らが重大な責任を負うことになるのかを理解してもらうしかなかった。

2度目の検査

エコー検診をし、赤ちゃんの健康と性別をふたたび確認。次に羊水採取のための狭い検査室に行き、今度は夫も一緒にどうかと言われた。彼もへんてこりんな看護助手の衣服を着ることが条件だったけれど、もちろん入ると答えた。

今回はこの施設で一番腕のある医師がチームに加わって、見事な穿刺技術を施してくれたので、ほとんど何も感じなかった。その技術は完璧で、非の打ちどころもない、といった感じ。ドアの前では運搬係が、優先してサンプルをラボに運ぶために待機していた。明らかに、前回の二の舞を演じまいと準備がされている。

最後にまた30分ほど長椅子で安静にして検査は終わった。

じつは手術のあいだ、わたしの目はエコーの画面にくぎ付けになっていたから、どんな道具が使われていたのか見ていなかったけれど、漫画家の夫が終始その様子を絵に描いてくれていた。

彼は、手術が麻酔なしで行われていた生々しい様子にびっくりしていた。

わたしはといえば、彼の絵を見て、「へえ、だいたい10センチくらいの針だったのね」

などと思った。２人とも、この針がおなかに刺さって何も感じなかったとは信じられなかったけれど、実際にそうだったのだ。

２回目は特別に急いで分析をしてもらったので、その日のうちに結果をもらう。

「ダウン症の可能性はなし」

わたしたちの安堵のほどは、言うまでもない……。

とはいえ、やはり１回目どおり、２日間安静にする必要があったので、すぐに飛行機に乗るわけにもいかず、帰国日を３日後に延期するはめになった。幸運なことに航空会社に勤める知人のおかげで無料で搭乗日を延期してもらえ、借りていた短期アパートも３日間の延長が可能だったからよかったようなものだ。

病院からは、用心のため出発前の健診をすすめられ、その機会にようやく欲しかったエコーの写真入りのＣＤをもらうことができた。医療用くつ下と、血液が固まらないように搭乗直前に打つ注射も処方してくれた。

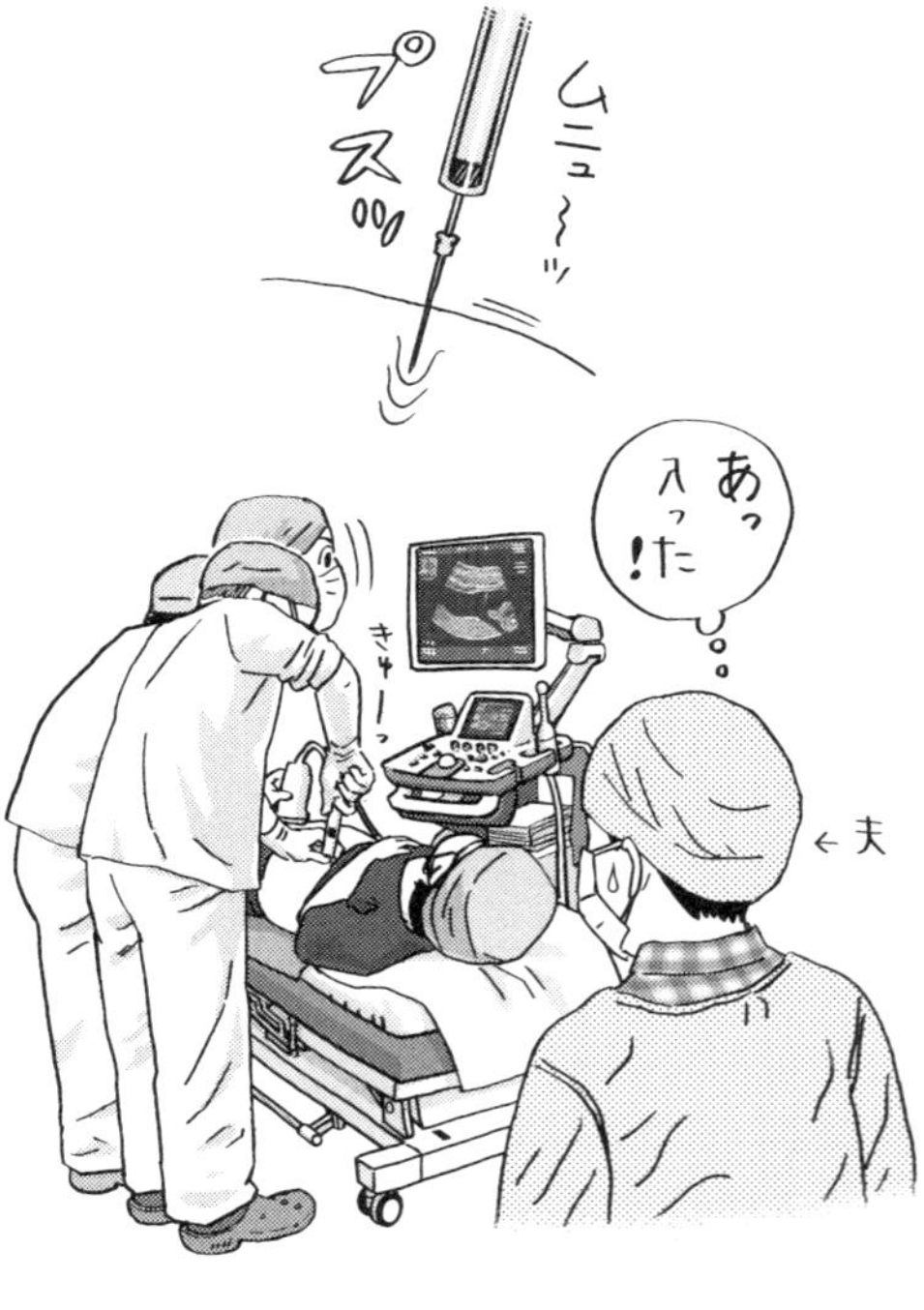

が、そんなものをもらってもフランスではいつも決まって看護師は忙しく、往診して注射をしてもらいたくても空いている人が近くにいないし、空港の救急医務室はターミナルから離れすぎているしで、結局わたしの夫が、シャルルドゴール空港の第1ターミナルのトイレの中でお医者さんに変身して、わたしのおなかに注射を打たなくてはならなかった。

わたしはフランスを発ちながら、決意を新たにした——この国はわたしに合わないし、外国人だというハンデがあったとしても、「日本で産む」という決断は間違っていなかった——と。

一方、パリで暮らしたことがあり、すでにパリ生活の辛苦を味わったことのある夫のほうは、図らずも、マンガのネタ帳をさらなる災難で充実させることになったようだ。

最後に。そんな彼が、一連の出来事の中でどうしても忘れられなかったという笑えないフランス流のジョークがある。

2回目の検査で、わたしが、「1回目とくらべると針の感触もぜんぜんないし、羊水の動き

担当医 バンジャマン
とてもフレンドリーでエコー検査中は
ずっと詳しく説明してくれた
羊水検査で見事な施術を見せる

もほとんど感じない」と伝えたときのこと。なんと相手の看護師はこう返してきたのだった。

「じゃあ、いっそ3回目もやりましょうか！　もっと気持ちよくなるはずですよ！」

セシリア――日本に住むフランス人助産師

彼女の名前はセシリア。ご主人の転勤にともなって日本へやって来たのは東日本大震災のほんの少し前のこと。その後フランスに一時帰国したものの、数週間でふたたび日本に戻ってきたそうだ。とうに予定していた滞在期間は過ぎているのだが、彼女もご主人もまだ日本に暮らしていたいのだと言う。

セシリアは日本のフランス人コミュニティにとって、今や必要不可欠な存在となっている。なぜなら彼女は、日本で妊娠をし、出産を控えたフランス人たちを支えてくれる唯一のフランス人助産師なのだ。

「わたしの仕事は妊婦さんたちを安心させること。彼女たちと同じ国から来て、同じ言葉を話し、そして彼女たちの不安の解決方法を知っている者としてね。わたしは時に彼女たちの母であり姉であり、医者でもある、というわけ」

ブロンドの髪をした、若く美しいセシリアはこう答えてくれた。現在、彼女自身も2歳になるかわいい男の子を育てている。

彼女はまた、フランス人向けの母親学級のようなものも開いている。フランスではこうしたクラスへの参加は非常に一般的で、通常は料金の全部、もしくは一部が保険でカバーされる。

質問する妊婦

日本語の話せないフランス人女性が日本で出産をする場合、彼女たちの多くは、病院側の言うことがわからない、あるいは、わかってもらえない、という強い不安を抱いている。そこでセシリアの登場となる。

「情報は本でもインターネットでも得られるけれど、それだけじゃ足りないの。本やインターネットは、逆に女性たちを不安にさせてしまうこともある。何ものも、『人』に勝るものはないっていうことね」

セシリアはよく、フランス人女性たちにこうアドヴァイスをしているそうだ。

「お医者さんには、遠慮せず質問をするべきよ。必要なら何度でも繰り返し説明してもらうこと。内容の理解できない処置を体に施されるなんて、人間にとってそれほど不安なことはないわ」

もしわたしの婦人科の先生がこれを聞いたら……。わたしの得意な「質問攻撃」を歓迎してくれたかどうかはわからないけれど、セシリアの意見は確かに正しい。

日本人女性にとっては出産が「通過儀礼」

わたし自身は妊娠中、セシリアのことを知らなかった。だが、同じく東京で第2子のお産を経験したフランス人の友人のすすめで彼女に出会ったとき、彼女はお産間近の女性を8人も抱えていた。つまり日本で出産しようとするフランス人は、わたしだけじゃなかったというわけだ。

セシリアは日本語が堪能なわけではないけれど、フランスとは異なる日本特有の出産へのアプローチ方法や診療の仕方について、とても詳しい。

「日本で産むフランス人女性たちが、真っ先に不安に思うことは何?」と訊くと、「無痛分娩を受けられるかどうかかね」との答えが返ってきた。なんと、わたしが病院選びのときに思ったこととまったく同じだった。

「日本人女性は出産自体を1つの通過儀礼だと考えている。でもフランス人女性たちにとってはまったく違うのよね」とセシリアは言う。

「彼女たちは、だからこそ無痛分娩を望む。痛い思いをして産むなんてイヤなのよ。最近はそうしたお産を医学的すぎるといって、もっと自然なお産をしたいという人も増えてはいるけれど、それでもほとんどの女性が無痛分娩を希望するわね」

フランスの胎児に肖像権⁉

また、妊娠中の健診では、日本のほうがフランスよりもエコーの回数がずっと多いが、セシリアに言わせると、必ずしもそれに医学的な理由はない、とのこと。

「フランスでは、エコーの回数は妊娠中に3回しかないわ。物理的にむずかしいのよ。毎回の診療でエコーを受けられるほどの数の機械を揃えようとしたら、莫大なコストがかかってしまうから」

要はお金の問題らしい。フランスでは、すべての健診（日本の14回に対してフランスでは7回）が社会保障で賄われているわけだから、国もコストを抑えたいと思って当然だろう。ところでおかしなことに、3回のエコー検診すら多すぎると感じる人もいるらしい。どうやら、子どもの「肖像権」の問題から、エコー自体に反対だと言う。

肖像権⁉ つまり赤ちゃんは「自分の写真を撮ってもよろしい」という許可をしていない。だから彼（彼女）たちは、毎月自分の写真を撮られることに、本当に賛成しているかどうかわからない……というのが理屈なのだが、そんなものわかるわけないじゃない！

古いエコーとおじいちゃん医師

真面目な話に戻そう。セシリアは「赤ちゃんの位置や姿勢を調べるには触診で十分」と言う。

「エコーばかりするのは、あまりにも機械に頼りすぎなんじゃないかしら?」

たしかにそれにはうなずける。

わたしはこれまでに何度も、日本人(とくに男性)というのは、必要以上に「テクノロジー」を信奉しているようだと感じていた。むしろ、人間の能力を軽んじているフシがある(人間は間違いを起こしやすいという理由で)。だから日本人女性たちにとって、エコー写真や数値やグラフで赤ちゃんの成長を確認できるのは、何よりも安心できることなのだろう。

そういえば、5ヵ月目か6ヵ月目の健診でのこと。

そのとき、初めて見かける先生がやってきた。年齢は少なくとも75歳かそれ以上に見える。定期的にエコーで赤ちゃんの大きさ(大腿骨、腹部、頭)を測って、発育具合と異常の有無を調べる健診だったのだが、その先生は明らかに機械に難儀している様子だった。

検査が一通り終わり、早速わたしは前月のデータとくらべてみた。するとなんと、赤ちゃんが小さくなっているではないか！　びっくりして、笑いをこらえながら助産師さんにこう訊いた。

「あの……何か異常があるのでしょうか？」

「えっ、あら本当ですね！　ちっちゃくなってる……。何かミスがあったんだわ。先生にお知らせしないと！」と助産師さん。

さて、ふたたび現れたおじいちゃん先生の回答はというと、

「あー、このエコーの機械、もう寿命かなあ。古すぎるんだよね」

……そうですよね。機械のせいですよね！

セシリアにみてもらっている女性たちの多くは、お産の後も彼女のもとへ来るそうだ。彼女は授乳についても詳しいため、みんながアドヴァイスを求めてやってくるのだ。そういうわけで、本書にもたびたび登場してもらうことになった。

1

戸惑いとトラブル続きの「妊娠と出産」

出産——いよいよ赤ちゃんと対面

「んー、8月2日！　この日しか空いてないね」

「えっ。それって来週じゃないですか。まだぜんぜん準備できてないですよ！」

産科医の口から出産の日程について聞かされたとき——そしてそれが1日でも3日でもなく、10日でもなければ21日（もともとの予定日）でもないとわかったとき——診察室に腰かけていた夫と診察台の上のわたしは、びっくりして思わず目を合わせた。

「え——？　どうしたらいいの？」

わたしたちはおめでたくも、赤ちゃんを迎えるのはまだ1ヵ月近く先だと思っていたのだ。漫画家の夫はこの間にパリの生活を描いたコミックの3巻目を仕上げようとしていたのだけれど、それも延期せざるを得なくなった。

先生に「大丈夫ですか？」と訊かれ、わたしたちは、

「ええ……はい、なんとか大丈夫です」と答えた。

「1日の午後1時半から入院して、翌日に産みましょう。看護師から手術の流れについて

説明があります。でも念のため、31日にも最後の診察を受けに来てください。それまでは赤ちゃんを正しい位置にするためのエクササイズを続けましょう」

病院を出てすぐ、義理の母に電話を入れた。さあ戦闘開始。あと1週間で赤ちゃんが来てしまうのだ。もともと出産後は夫の実家で3週間ほど過ごそうと決めていたので、あらかじめ連絡を入れる。

義母は大喜びしてくれた。本当は、出産がお盆にさしかかって病院が手薄のときと重なったらどうしようと思っていたという。

右手の薬指をまわす
くり
くり

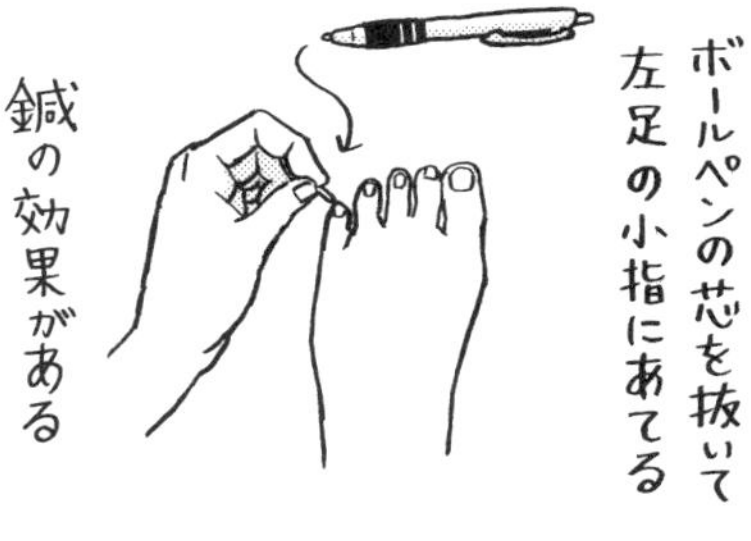
ボールペンの芯を抜いて左足の小指にあてる
鍼の効果がある

逆子で、帝王切開で

出産日をあらかじめ決めるなんて不思議だと思うかもしれないが、それは赤ちゃんが逆子だったからである。逆子のお産は40週を過ぎてしまわないほうがいいらしい。決して先生のスケジュール次第ってわけではないはず！

今週も何人もこのやり方で逆子が治ってます
すごい
!
でも結局治らなかった

分娩方法は帝王切開。「手術後の3日間はつらいですよ」と言われた。この病院では約10パーセントのお産が帝王切開なのだそうだ。これは手術室に着いてすぐに担当の麻酔医から聞いた話。ちなみに日本全体での平均は15パーセント、フランスでは20パーセントが帝王切開だ。

帝王切開について、人は「システマチック（計画されたお産）だ」とかなんとか言うけれど、実際は随分気が楽でよかった。精神的にはすごく不安が軽減されると思う。たとえ手術日を担当医のスケジュール次第で決められてしまったとしても、そして、実際に当日は別の先生が（！）来たとしても……（ずっと診てもらっていた先生だったし、夫も先生のことを気に入っていた様子だったから残念）。

痛みを妄想する妊婦

入院当日を迎えるまでは、わたしも出産を控える多くの女性と同様に、自宅でお産の痛みを悶々と想像したりした。

いくつもの不安がよぎり、様々なシチュエーションが浮かぶ。

突然の陣痛、準備半ばの荷物、なかなかこないタクシー、そして乗ったあとに待ち受ける渋滞。耐え難い痛み、気を揉む夫、などなど。

しかし実際はそんなこと1つも起きなかった。

すっかり整えられた荷物を持って、道の空いている昼間のうちに悠々と出発。お天気もよく、落ち着いた状態で病院に到着した。まるでバカンスに出かけて、大きなホテルにチェックインするみたいだ。スタッフたちが行進のように連なって、きれいな個室に案内してくれた。じつに丁寧な接客で、これぞ日本式という感じ。

フランスで同じような待遇を受けたければ、あまり混んでいない小さなクリニックを選ばなくてはならないだろう。これくらい大きな病院では、同じように応対をしてもらえるか疑問だ。

だが、病院に到着した直後に、預け金30万円を支払う必要があった。しかも退院時には、さらに精算が待っているとのことだった。これがフランスだったら何も支払う必要はないのに……。

麻酔したのに感覚が！

入院当日はいくつかの準備を行い、翌朝9時からの手術に備えて睡眠薬を処方された。朝は暑さと緊張で5時半には目が覚めてしまった。予定通り8時には夫も到着。だいたい8時45分に一緒に部屋を出たあと、わたしは車椅子で手術室に運ばれていった。

「この大きなおなかをよく覚えておいてね。手術が終わったらなくなっちゃうんだから。その代わりあなたに息子ができるのよ！　じゃ、あとでね」

わたしは緊張していなかった。それどころか、今、手術室に入る前に手を振った夫と、術後にふたたび会うとき、わたしたちは3人家族になっているのだ。そのことを思うと、純粋に感動していた。

手術台の上で、わたしは、まわりを囲む4人にずっと話しかけ続けていた。彼らには少しとっぴな行動に見えたようだったけど、わたしは人と話すことが基本的に好きだし質問をするのも大好きなのだ。正しいことかどうかはわからないが、こうしたコミュニケーションが、相手との信頼関係を築く秘訣ではないだろうか。

彼らに話しかけ続けながら、まず脊椎麻酔の注射を打たれた。足が熱くなったと思ったら今度はしびれを感じ、感覚もなくなっていった。

メスの感触が！

ついに先生が現れた……のに、なんとそれは前述のとおり、いつもの先生ではなく、違う先生だったのだ。この先生には、定期健診のときに2、3度診てもらっただけでよく知らないばかりか、夫も「ちょっと……変なんじゃないか」と言っていた先生だった。それにたしか、外国人のわたしを前にして明らかにイヤな顔をしていた。

先生は着くや否や一言も発することなく、わたしのおなかに切り込みを入れ始めた。だいたい9時10分頃だったと思う。元来そういうものなのか、それとも麻酔が足らなかったのかはわからないが、そのとき、しっかりとメスの感触を感じた。実際に切るところを見ていたわけじゃないのでまだよかったようなもの。でもおなかの肉を切られている感じが伝わってきて、変な感じだった。そのあと、なんと今度は子宮から子どもを剥がす感覚があった。

「痛い！　痛い！」（実際はそこまで痛くはなかったけど）。

こう叫ぶと、まわりの人たちが、

「がんばって、がんばって、あとちょっとで赤ちゃんが出てきますよ」と言ってくれた。

彼らの言うとおりだった。その直後、9時22分には2632グラムの小さな赤ん坊が産まれたのだ。そして赤ちゃんを一目見ただけで、すぐにマスクを顔に当てられて眠ってしまった。

日本人とフランス人は体の「つくり」が違う？

数日後、同じ日に入院し、同じ日に帝王切開の手術を受けた日本人女性に出会った。メスの感触や、赤ちゃんを取り出されるような感覚について話すと、「そんなに生々しい感触がしたなんて！」と驚かれてしまった。

ちなみに日本では、一度帝王切開で出産をした女性は、それ以降の出産でも自然分娩（経膣分娩）をしてはいけないことになっている。フランスでは母体の状態によって、自然分娩も可能だ。

彼女と話してみて、「ああ、やっぱり麻酔の量が足らなかったんだ」と思った。

西欧人のわたしは日本人と体の「つくり」がどうしても異なる。じつは前々から日本で病院に行くたびに、医者がわたしの診察や治療を拒んでいるフシがある、と感じていた。

そして、ある日それは確信に変わった。

外国人をいやがる日本人医師

咳が出て熱っぽかったことがあり、会社の社長秘書からすすめられるまま、ある病院に向かった。そこは会社のすぐ近くにあって便利だったからだ。

すると医者は、わたしが外国人で妊娠6ヵ月だという理由で「診察もしたくない」「薬も処方したくない」と言うのだ。幸いなんとかお願いして、わたしが単なる風邪なのか、それとも別の深刻な病気なのかどうかだけを教えてもらって帰った。

こうした医者の態度は単純に外国人差別だという話ではなくて、他の文化圏から来た人物に対して正しい対処ができるか不安で、できればリスクを負いたくないという強迫観念のせいに違いない。

一方、夫のほうは手術が終わると看護師さんから赤ちゃんの産まれた時間と体重の書かれた紙きれをもらい、それで子どもの誕生を知ったらしい。

その3年前、5年前のわたしは、自分が母親になるなんて思ってもみなかった。でもあのときから、すべてのことは未来に向かって確実に進んでいたのだ。愛する男性、安定した仕事、そして心の平安。さらに命を授かることになるなんて……。

産後にデザートバイキング

赤ちゃんを実際にこの目で見ることができたのは、出産から2日後だった。

それまでは、夫が新生児室のガラス越しに撮ってきた写真でしか、子どものかわいい顔を見ることができなかった。

新生児室のガラスにかかっているカーテンは1日に2時間だけしか開かない。さらに衛生管理上の問題から、赤ちゃんに触ることは許可されていなかった。フランスではよく、出産直後から赤ちゃんを母親と同じ部屋に移すので、旦那さんは自動的に赤ちゃんの世話をすることになる。そしてお見舞いの人たちも赤ちゃんに近づいたり触ったりできる。

どちらの方法が赤ちゃんにとってベストなのか、わたしにはわからない。

でも、少なくとも最初の2日間、わたしはぐっすり眠ることができた。実際、わたしの子は先天的に呼吸が通常よりも速く、頻繁にみてもらう必要もあったので、信頼できるプロの人たちに子どもを預けられたこの2日間は、わたし自身の体力の回復を早めるためにもよかったと思う。

事実、入院中はとっても快適に過ごすことができた。夫も、お見舞いに来てくれた人たちもみんな、毎日午後に開かれる「デザートバイキング」を楽しみにしていた。なんとこれはおやつを用意してくれるサービスで、授乳中の母親には無料なのだ。「カボチャのケーキ」はとてもおいしかった。

「妊婦の学校」みたいな日本の病院

その病院では20名以上の女性が同時期にお産をしたので、出産直後のよろこびも不安も彼女たちと共有することができた。

実は、その中にわたしと同じくフランス人のロランスという女性がいた。ロランスとは毎日一緒に、おそろいのパジャマを着て同じ時間に授乳をした。

女性スタッフしか入れない授乳室で、忙しく立ち働く彼女たちのカラフルなユニフォームのおかげで、そこだけは病院特有の白1色の悲しい世界から遮断されているようだった。グループで過ごす産後の期間は、しっかりとスケジュールが組まれていて、ちょっと学校みたいな感じがしたけれど、いかにも日本的である。これがフランスだったら、産後は1つの部屋に閉じこもって他の母親と接する機会もなかっただろう。

というわけで、わたしにとって共同体での生活はどちらかというと楽しく、心休まるものだった。

他の人が病院から受けたアドヴァイスまで聞くことができてお得だ。授乳中も、となりの女性が自分と同じくらい苦労をしながらおっぱいをあげているところを見て、こっそりと安心したものだ。

わたしはどちらかというと日本のスタイルに順応したほうだったけれど、もう1人のフランス人、ロランスはどうやら違ったらしい。この日本的なプログラムに馴染めず、ルールで縛られる毎日を、幼稚で義務的だと感じたという。

クレーマー患者？　フランス人ロランス

ここで彼女を簡単に紹介したいと思う。一言でいえば、わたしとは正反対のタイプだ。

病院スタッフの言うことを全然聞かず、かなりマイペースに自分のやり方ばかりを優先していた。わたしは、看護師の求めに従っていたが、彼女はいつも文句を言いながら、指示どおりにはしなかった。同じフランス人としても驚くほどだった。

ときどきお見舞いで病院にきていた彼女の母親も同様だった。学者である彼女は、日本のことをまったく知らないわけではなかったけれども、理解できなかったようす。結局、どうなったかと言うと、彼女は赤ちゃんと2人で、自分の部屋にこもるようになって、他の人と会わなくなった。

1

戸惑いとトラブル続きの
「妊娠と出産」

日本の産科のやり方が合わなかったロランス

赤ちゃんを新生児室に預けるのを拒否して自分のベッドのすぐ横で寝かせた。フランスではこの方が一般的。

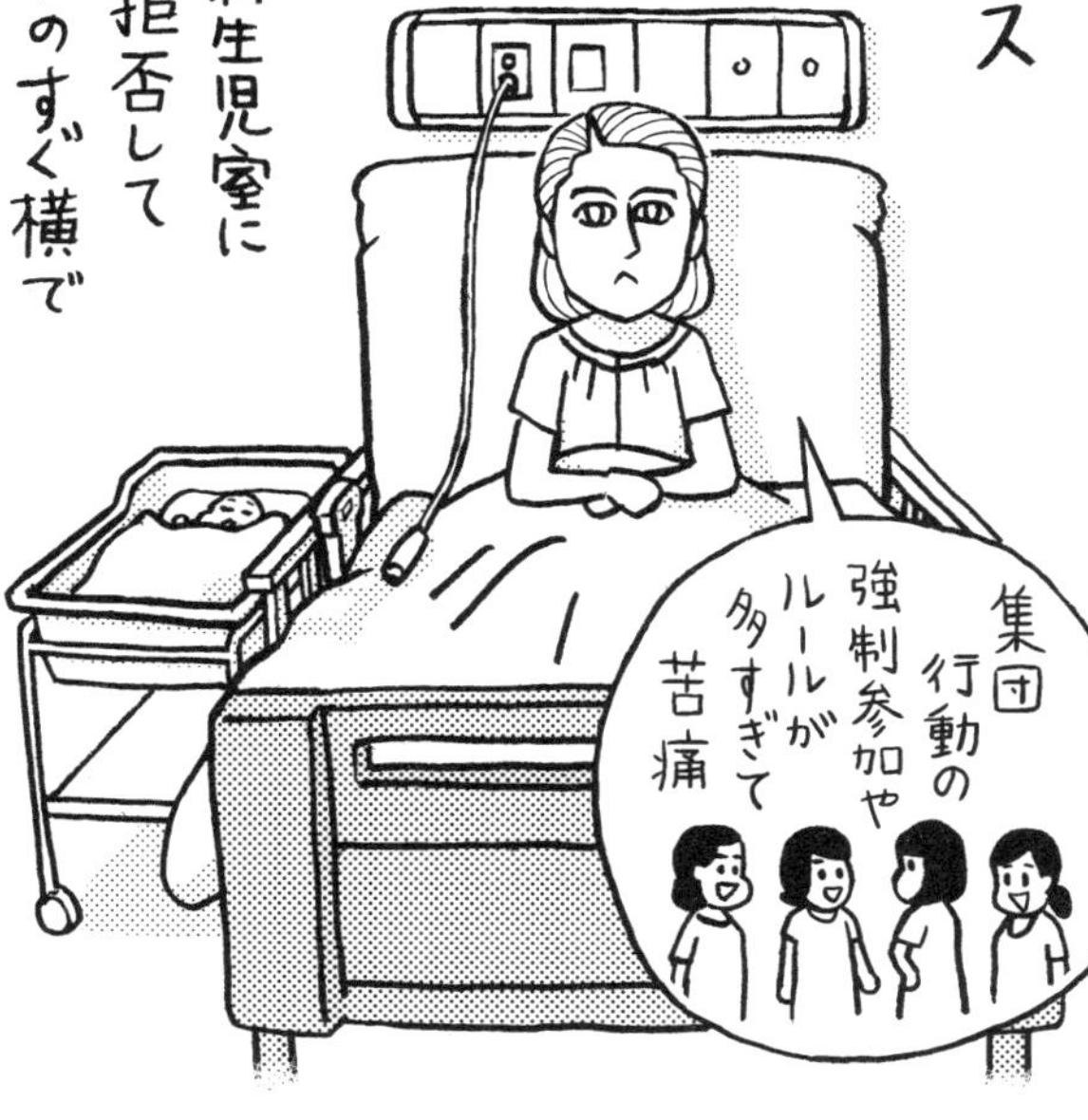

colonne 1

こんなに違う？ 日本とフランスの妊娠検査薬 ＋産婦人科受診

突然、吐き気をもよおしたり、実際に吐いてしまったり。心あたりのある女性がこんなふうになれば、真っ先に考えるだろう。「妊娠したんじゃないかしら？」。

そんなとき、こういうことがはじめてでも、そうでなくても、自分に問いかけるのはただ1つ。「わたしには母親になる気があるのか？」。

わたし自身、こんな状況を何度か経験したことがある。妊娠まちがいなし、と思わざるを得ないこともあった。こうなったら、まず、産婦人科で診察を受けるよりも前にすることがある。それは妊娠検査薬を試すこと。すぐに実行できる、とても簡単なことだ。でもわたしは、その妊娠検査薬について驚くべき事実を発見してしまった。

日本で市販されている妊娠検査キットの90パーセント以上が、生理予定日から1週間後、または妊娠した心当たりのある日から3週間後に使用できるタイプ。「妊娠したかな？」と思っても、すぐに検査ができるわけではない。つまり、しばらくの間、悩まなくてはいけないのだ。一方、フランスで普及しているのは、生理予定日に使える感度25ＩＵ／Ｌの検査薬。日本で主流の感度50ＩＵ／Ｌの検査薬は、事実上売られていない。フランスと同じ感度の検査薬は日本にも存在することは存在する。でも、薬局でめったに取り扱われていない。もしあっても買えるのは薬剤師が常駐している調剤薬局だけで、場合によっては事前に薬局への問い合わせが必要だ。しかも、わたしが買ったときは用紙に氏名などの個人情報を記入しなければならなかった。こんなに面倒では、購入するのも億劫だ。

あきらかに妊娠したような兆候が表れているのに、検査で陰性と出ることがある。わたし自身、何度かそういう経験をした。そんなときは、大きめの病院の産婦人科を受診すればいい。病院で最初にするのは、問診票の記入。そして、「定期検診」と「妊娠検査」の欄にチェックをすれば記入完了。問診票を看護師に渡し、診察の順番を待つ。少しすると、その看護師がわたしの名前を呼ぶ。わたしが返事をすると、看護師が近くに寄ってきて尋ねる。「市販の妊娠検査薬を使ってみましたか？」。わたしは答える。「えぇ、今朝」。会話はつづく。「結果は？」。「陰性でした」。この会話は、ほかの患者がいる場所で交わされる。

まぁわたしは別に気にしないけれど、もし、こんな質問を同じような場所で質問されるのが、はじめてのセックスを経験したばかりの高校生だったらどうだろう？　婦人科を受診するために病院にきたのはいいが、しょっぱなにこんな質問を他人も聞こえるようにされたらどう思うだろうか？

日本の病院はとにかく、もっと患者に対して配慮が必要だ。

フランスの医療現場では、プライバシーの保護は原則。患者にかんする情報は、患者自身と医者だけが知っていいもので、ほかの患者にはどんな場合であってもは知らせてはいけない。

でも、日本では看護師が待合室にやってきて、ほかの患者もいる前で話すことがよくある。こんなのは、間違いなくプライバシーの侵害だ。答えるのを拒否したっていいと思う。訊かれた患者自身だけでなく、ほかの患者も快く思うはずないのだから。

診察前にやることはまだ続く。もう一度、妊娠検査をするように言われる。当然、採尿用トイレにいく。それがすんだら、ふたたび待合室で診察の順番を待つ。新たな検査の結果も陰性だった。つまり、尿検査によると、わたしは妊娠していない、ということになる。

でも、たとえば、妊娠から日数のたっていない女性が尿検査をしたら、どんな結果になるだろうか？　妊娠中に産生されるホルモンβ-hCGは検出されないのでは？　もしそうだとしたら、尿検査の結果は陰性でも、それはニセの陰性。もし、尿検査の直前に500ミリリットルの水を飲んだとしたら？　結果は陰性になると思う。そんなことが十分に考えられる。確率としてはとても低いかもしれない。でも、ゼロではない。こんな理由もあってか、フランスでは尿でなく血液検査をする。妊娠している場合、β-hCGは必ず血液中から検出されるのだから、判定は確実だ。それなのに、日本ではどうして尿検査だけで判断するのだろう？　日本の女性はどうして血液検査という、より正確な選択肢を希望しないのだろうか？

いざ、診察の順番がくる。医者はまたわたしにいくつか質問をしたあとで告げる。「妊娠していません」。診察終了。たったそれだけ。それ以外の検査も何もなし。万が一、卵巣嚢胞とか子宮がんとか婦人科系の病気がわたしにあったとしても、わたしは知る由もない。日本女性はみんなこんな診察を受けているのだ。わたしは外国人だから、ほかの国の診察がこんなでないことも知っている。わたしに言わせれば、この医者は仕事をきちんとしてない。実際、もう少しで、医者にそう言ってしまうところだった。だけど、トラブルはいやなので、我慢。医者は診察の最後に言う。「吐き気を止めるために薬を出しましょう」。これにはさすがにめまいを覚えた。この日の診察料は6500円。結局、疑いをいだいて病院にきたわたしは、疑いをいだいたまま病院を後にした。もちろんそれに加えて、怒りもかかえて。

2 子育てが始まった！

フランスの嫁姑《ベル・メール》問題

フランスに、こんないじわるな言葉がある。

「結婚の大変さなんて、メル・ア・ボアール（海を飲み干すほどのことじゃない）、ベル・メール・ア・アヴァレー（姑を呑み込めばいいだけだ）！」。

お姑さんには失礼な話だが、たしかにフランスでは「嫁姑問題」に悩む男女をよく見かける。はたしてその原因とはなんだろうか。

「干渉してくる」「夫婦2人の邪魔をする」、あるいは「勝手にあれこれジャッジしてくる」などが女性陣の代表的な声。お嫁さんたちは不満がたまり、陰でお姑さんを「ベル・ドッシュ *belle-doche*」と呼んだりもする（きれいなフランス語とはほど遠いスラング）。

ところがお世辞でもなんでもなく、わたしのお姑さんにはイヤなところがひとつもない。それどころかわたしたちはとてもいい関係を築いている。彼女はびっくりするほど優しくて小言すら言わない（いろいろと注意されて当然のはずなのに）。

最初の8ヵ月、お義母さんは週に1回、孫の面倒をみるためにうちへ来てくれる。そのたびに、わたしたちは顔を付きあわせて簡単な料理をつくる。そうこうしながら新婚夫婦ならではのちょっとした不安を聞いてもらうこともしょっちゅうだ。ただ夫からは、フランスと同じく日本の「嫁姑事情」も一般的にはそんなに楽なものではないらしいと教えられた。

まったく違う、フランス人義母と日本人義母

フランスの場合、実の母親やお姑さんが出産直後の娘の面倒をみる習慣はない。その理由を、先に登場した日本在住のフランス人助産師、セシリアにたずねてみた。

「実は日本のように、出産直後の女性はできればお母さんに世話をしてもらうのがいいの。母親に頼めなければ、お姑さんや姉妹などの身近な女性でもいいわ。日本の女性はお産のために1人で帰省することが多くて、旦那さんと離れてしまうのがちょっと残念だけれどね。逆にフランスでは、フランス人にとって重要な『自立』という概念が邪魔をしているの。自分の面倒は自分でみるべきだと誰もが思っているし、成人して結婚までしようものなら、親に助けを求める人はあまりいないわ。親自身も、子どもへの干渉をおそれるあまりに若い夫婦を孤立させがちで、娘の『産後うつ』を深刻化させてしまう原因にもなっている。それから、フランスの〈おばあちゃん〉たちは、たとえ孫ができても年齢的にはま

だ若くて、現役で働いているので手伝えない、というパターンも十分に考えられるわ」

セシリアの説明に少し補足をすると、フランスでは、出産直後の女性には夫が付き添うのが当たり前で、それでこそ理想的な夫だと言われている。まるで日本の〈おばあちゃん〉の役目を、若いパパが負っているようなもの。一方、日本のパパたちは、赤ちゃんと妻をおいて外で存分に働いていれば「家族を支えている」と賞賛されるのだから、ずいぶんと考え方がちがう。

それでは、日本で暮らし、小さなフランコ・ジャポネ（両親が日本人とフランス人）の男の子を育てているわたしはどうなのかと訊かれれば……正直なところ、恵まれすぎるくらいに恵まれている。近くには、困ったときに支えてくれるお義母さんがいる。そのうえ、（日本人なのに）旦那さんまで家にいて、わたしと子どもの面倒をみてくれているのだ。

働くのが当然のフランス人ママ

さらに日本の〈お嫁さん像〉に逆らうように、お産からたったの3ヵ月でわたしは仕事を再開したのだが、夫の家族は文句ひとつ言わないでいてくれる。

実は、この早い復帰を決めるまでにはそれなりの葛藤があった。

わたしはふだんから、妊娠を機に会社を辞めてしまう日本人が多いことを残念に思っていた。かといって、「子どもはできるだけ早くお母さんから離れるべき」という考えを笠に着て、職場へいそいそと戻っていくフランス人たちのことも疑問に思えてしまう。

専門家のセシリアは、その点についても教えてくれた。

「フランスでは、子どもは早い時期に親から離すべきという考えが主流なの。『生まれてから最初の数年間を一緒に過ごしたいので、保育園には預けません』なんて母親がいたら、子離れができていない、その子の自立心が育つのを邪魔している、ときっと非難されてしまうわね。『なんですって！　子どもに社会性を身につけさせないつもり!?』という声が聞こえてきそう。けれど日本では、子どもはお母さんと一緒にいたって社会性を身につけられるようになっているわ。日本の子どもには、お母さんといながらにして社会とふれあえる場、たとえば地域で主催している子育て広場や、近所の保育園や幼稚園のふれあい開放日など、いろいろとあるから。フランスの子どもたちが社会性を学べるのは、残念ながら保育園のみで、日本のようにはいかないのが現状なのよ」

フランス人専業主婦の立場

さらにフランスでは、専業主婦の立場が社会的にとても低い。そのことで本人たちも罪悪感を抱くほどだ。わたしは子育てだって大事な仕事だと思うのだが。

フランスでは、専業主婦というのは「無職」と言われがちだ。専業主婦をはじめとして、その言い方に反発する人が多いにもかかわらず、そのマイナスイメージがあまり変わらない。専業主婦の子どもたちも、自分のお母さんが外で仕事していないことをできるだけ隠そうとする。それでも家で子どもを育てたいと思って、できれば仕事を辞めたいと思っている人は、以前より増えている。フランスでは25~55歳の女性の80パーセント以上が外で働いているが、80年代のスーパーウーマンと異なり、1人で両立がうまくできると思う人は少なくなってきたらしい。

「仕事を辞めて家で子どもを育てるのは容易な選択ではないけど、この道を選んだ人は、ほとんどみんなよかったと思っています」

フランスの女性向けウェブサイト *Top Feminin* に書いてあった。

どうやらフランスの男性たちは、奥さんには外で働き、お姑さんには自分の家でじっとしていてもらいたい、と願っている様子。フランス人との結婚を考えている女性は、覚悟しておいたほうがいいかもしれない。

夫の実家での1ヵ月

「うそ、こんなに小さいの？」

「きっと生まれるのが早すぎたんだわ……」

初めてわが子を見たときのこと。わたしはどっと不安におそわれた。こんなにちっちゃなベベ（赤ちゃん）のお世話なんてできっこない、と。どうやって抱けばいいの？　痛くないかしら？　つねに見ていなくて大丈夫？　息している？

しかもわたしの母はもう亡くなったので手伝いに来てもらうわけにもいかない。どうしよう……なんて。本当は、そこまで大げさに怯えることなくすんだのだ。

まず、病院の人たちがものすごく親切で、不安なことはなんでも説明してくれた。これがフランスの病院だったら、ここまで親切にサポートをしてくれたかどうかあやしいものだ。それから、いちばん大きな理由は義母からのこんな提案だった。

「退院したら、すぐウチにきたらええわ。3週間か1ヵ月くらいゆっくりしていったらいいやないの」

夫の母親は関西出身だ。ここはお言葉に甘えるのがいちばんと、遠慮なくそうさせてもらった。なにより、お義母さんは育児の道のプロ。わたしの夫（しっかりと教育を受け、礼儀正しくとても優しい男性）とはべつに、2人の女の子を育てた経験があり、さらに孫が5人もいるのだ（男の子3人に女の子2人）。こんなに完璧な経歴の持ち主が、他にいるかしら？

一瞬、夫は一緒に来てくれるだろうかという不安が頭をよぎった。彼と離ればなれで寝るなんて考えられない。そうなったら、「産後ブルー」まっしぐら……と思っていたが、それも杞憂におわった。一晩だけ東京の家に戻ったのをべつにすれば、彼もずっと一緒にいてくれたのだ。

義理の両親は現在、横浜で暮らしている。そこは閑静な住宅街のようで、よく見ると日本っぽくない外国風のいろんなデザインの家が並び、建てられた時期はそれぞれ違うものの、比較的新しく建てられたものが多いようだった。

到着すると、なんとわたしが階段の上り下りをしなくていいようにと、1階の広い和室が用意されていた。お義母さんは、それほどまでに気を遣って、全力でわたしたちの面倒をみてくれようとしていたのだ。

わたしのほうは、できるだけ礼儀正しくいようと心がけた。なるべく控えめに過ごし、お義父さんとお義母さんの迷惑にならないよう気をつけた。彼らにとっては、よく知りもしない外国人を1ヵ月も泊めなくてはならないのだから、ちょっと想像しただけでも大変なことだ。しかも毎日ごはんを用意してくれるなんて！

心配されるありがたさ

お義母さんはとくに食事のことを心配していた。

「日本食が好きな人でよかったわぁ。フランス料理なんて、ぜんぜんわからへんから」

滞在中には何度もそう言われたけれど、彼女だったら、たいていのフランス料理は簡単につくれてしまうと思う。それに、実際にわたしは日本食のほうがずっと好きだ。

こうして都会を離れ、おいしいお料理をごちそうになりながら、まるでバカンスのように夏の1ヵ月間を過ごしたのだった。

さらに夫の両親は、わたしが一歩あるくごとにケガ

をしてしまわないか心配してくれた。

「ええって。掃除も片付けもせんでええって」

わたしは、できるだけ安静に、という扱いを受けていたのだ。そういうわけで、毎晩お義母さんが息子をお風呂に入れてくれ、わたしはといえば、よろこんで体をふいたり、着がえをさせたりしていればよかった。

息子の七央《なお》の存在がみんなを喜ばせていたようで本当によかったと思う。たしかに少しは夜泣きもしたけれど、さほどひどくなく、家じゅうを起こしてしまうほど泣くこともめずらしかった。

そして、義理の両親と夫の意見は本当に正しかったと思う。たとえ自分では元気だと思っていても、産後は安静にしていてよかった。周囲がなんと言おうとも、お産の翌日からまったく元どおりに体力が回復するわけではないのだから。

産後すぐに鏡を見ないで

ところでフランスと同じく、日本にはあきれるほど多くの妊娠関連書や、マタニティクラスがある。お産の準備や育児のことを解説する本もたくさんあるけれど……。産後の身体の変化に関する情報は忘れられがちだ。

まず、見た目が以前とまったく違って見える。胸の大きさは2倍ほどになり、乳首の色まで変わる。おなかの皮が伸びてしまって、「赤ちゃんが外に出たからって、自動的にお腹が平らになるわけではないのね」と思い知るのだ。

ここで1つ、みなさんにアドヴァイス。絶対に妊娠する前の自分の写真を見てはいけません！　本当に落ち込みます。わたしはすでにやってしまい、後悔している。なんて平らなおなかをしていたの！　と。つまり、うちのカワイイベビーは、おなかのたるみとひきかえにやってきた、というわけ。母になる喜びと同時に、こうしたこまごました悩みがつきまとう。ほかにもまだある。たとえば、産後すぐには前と同じ「女」に（性生活面で）戻っていないことを、旦那さんにわかってもらわなければならない。

そんな問題に直面したとき、夫婦で孤立せずにまわりに誰かがいてくれているとずっと安心だ。母親か女きょうだい、もしくはお姑さんのような女性の存在はありがたい。

フランスでもある嫁姑問題

世間ではよく、嫁と姑はうまくいかないと言われている。夫もそう思っていたらしいけれど、わたしの場合そんなことはなかった。こちらがお姑さんから教わることの多さに気がつき、自分の経験不足に気がつけばいいだけのこと。

今は誰よりも頼りになるお義母さんが母のかわりにわたしたちのそばいてくれて、本当に心強い。お義母さんは赤ちゃんに対して非常に我慢づよい。そして上手にあやす不思議な力を持っている。

「(自分のおなかを指して)おなかのお肉がクッションになって気持ちいいんやで〜」

とふざけてみたり、

「赤ちゃんをあやすときは、おしりをやさしくトントンってたたくとええんやで」

と教えてくれたけれど、わたしではうまくいかず、やっぱり息子は泣いてしまって、がっかりしたりもした。

ただ1つ、お義父さんには謝らなければならないことがある。当時NHK朝の連続テレビ小説「あまちゃん」が流行しており、それを義父は毎朝楽しみにしていた。だが、わたしはそんなことはつゆ知らず、お義母さんに「ゆっくり寝ててええよ」と言われるままに、「あまちゃん」の時間はテレビのある居間からふすま1枚へだてた和室で寝ていた。ある朝、わたしは偶然、テレビの前でヘッドホンをして、涙を流しながら声を押し殺し、番組を見ている義父の姿を目にしてしまったのだ。

わたしたちに気をつかってのことだろう。その背中を見たわたしは、本当に申し訳ない気持ちになったけれど、この人がお義父さんでよかったと心から思った。

赤ちゃんの夜泣きをやめさせる方法

うちの赤ちゃんは、ほんとうに、ほんとうによく眠る。

生後2ヵ月から夜泣きをしたことがない。最後のミルクから30分後くらい、夜の11時か11時半に寝かしつけ、そのまま翌日は午前11時からお昼ごろまで起きないか、もしくはそれより長く寝ているときもある。起こさなくてはいけないときもあるほどだ。

わたしは運がいい。こんなことを書くと、きっと多くのママやパパに、うらやましがられるだろうとわかっている。じつはこの話をしても、そんなによく眠る赤ちゃんなんているはずがないと言って、ほとんど誰も信じてくれない。ところが、実際にいるんです。もしもたった1人だけこの世にサンプルが存在するとしたら、それがうちの子だ。特別なことは何もしていないのに、ある日気が付いたら、こうなっていた。

ここでちょっとしたフラッシュバックを。

生後7週目のこと。それまでの2週間は、昼間に寝て、夜は泣いているという日が続いていた。どんな親でも経験する、地獄のような生活。誰にでも起きることだからと、わたしはこのままの状態を覚悟していた。

それからお宮参りのため、夫と子どもと3人で、横浜の夫の実家で週末を過ごした。当日は朝8時からはじまって、鎌倉の鶴岡八幡宮、レストラン、鎌倉の観光名所の数々と矢継ぎ早にまわり、朝から晩まで丸1日お出かけをしたので、赤ちゃんはその日、10分間以上連続して眠ることができなかった。すると、なんと夜9時にはぐったりして、その晩はそのまま13時間も眠り続け、翌朝まで眠りっぱなしだったのだ。

それからというもの、1度も夜泣きせず、ミルクに起きることもなく、毎晩、例外なく同じだけの時間眠っている。

昼のベッドと夜のベッド

神様の仕業かしら、とも思ったけれど、超・理論派のわたしとしては、「違う」と答えたい。他にも何かあるはずだ。

たしかに子どもを正しいリズムに戻すことはできたと思う。つまり、昼間ではなく夜に眠くなるように、1日中子どもを寝かさず、強制的に夜寝るようにした。しかしわたしの考えでは、子どもが昼と夜の違いを素早く理解し、夜の寝かしつけのときにも泣かなくなったのには、もう1つ原因があると思っている。それがわたしの考えた「ふたつのベッド理論」だ。

実は我が家には、赤ちゃん用のベッドが2つある。1つは家の1階にあるお昼寝用。もう1つは、2階のわたしたちの寝室にある、夜用のベッドだ。

お昼寝のときは、絶対に寝室に寝かさず1階のベッドに寝かせている。夫が仕事をしながら子どもを見るときは、仕事部屋のど真ん中に置いたクーファン（持ち運べるように持ち手のついた赤ちゃんを寝かしつけるカゴの一種）で寝かせている。

それでわたしは、こう考えた。子どもは寝室のベッドに寝かされると、「これは夜だから、ぐずらずに、何時間か〈まとめ寝〉をする時間だ」とわかり、日中にべつの場所で寝かされると、「これは2〜3時間くらいのお昼寝で、目が覚めたら泣いてもいい」と、わかるのではないか。まったく科学的な理論ではないけれど、小児科医や第三者の意見を聞いてみたいと思っている。

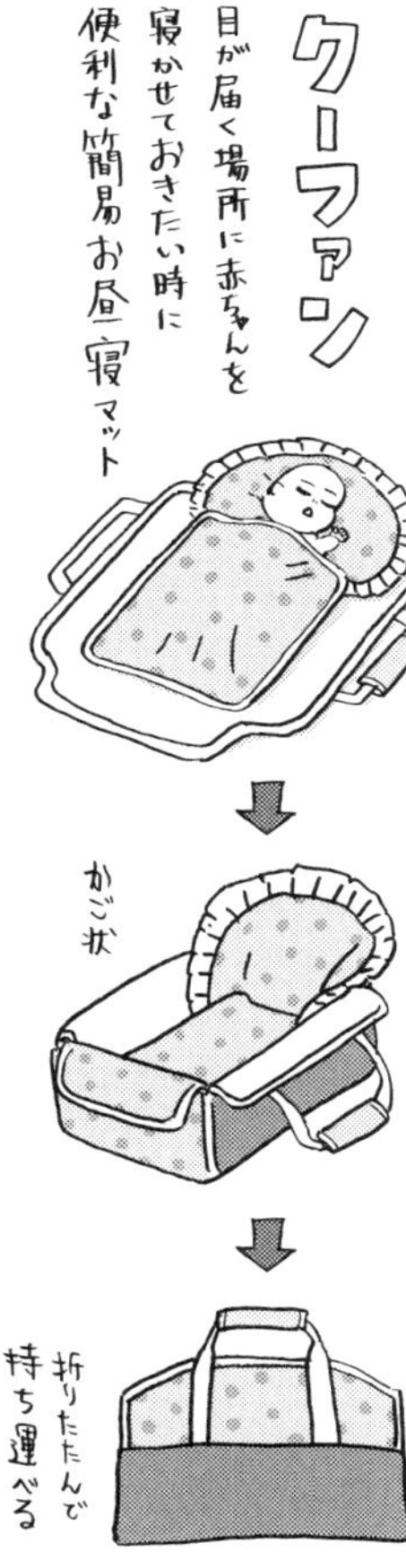
クーファン
目が届く場所に赤ちゃんを寝かせておきたい時に便利な簡易お昼寝マット
かご状
折りたたんで持ち運べる

もちろん、誰もがベッドを2つ用意できるとはかぎらないけれど、夜用のベッドとお昼寝用のクーファンだけでも十分実践できるので、試してみる価値はある。うまくいくかどうかはわからないが、たとえうまくいかなくても、そこはフランスでいうところの「*ça ne mange pas de pain d' essayer*（試してみたところで、パンを失うわけではない）」である。つまり、「失うものは何もない」ということなのだから。

フランスの赤ちゃんは1人で寝る

せっかく睡眠の話を書いたついでに、夫婦と赤ちゃんのベッドにまつわる話題も、少し。どうやら日本の家庭では、赤ちゃんの誕生を機に、奥さんは旦那さんを置いて子どもと一緒に寝る傾向があるようだ。赤ちゃんのためを思ってやっているのはわかるけれど、もしパパがフランス人だった場合、子どもができてからこのように置いていかれてしまうことには、かならず抵抗を感じるはずだ。

日本人女性と結婚した多くのフランス人男性から、この手の不満を耳にしたことがある。こうなると確実に、夫婦関係にひびが入ってしまうだろう。わたしも多くのフランス人と同じように、夫婦が別々に寝ることほど、最悪なことはないと思っている。よって結論。

フランスでは、1人になるのはパパではなく赤ちゃんだ。

おなかに赤ちゃんができると、若い両親はこれから生まれる子どものために部屋を用意し、産院から戻るとすぐ、赤ちゃんをそこに寝かせる。

実をいうと、わたし自身はフランス人であるのにもかかわらず、たとえフランス人と結婚してフランスで子どもを生んでいたとしても、赤ちゃんを別の部屋に1人で寝かせることには、とても抵抗がある。きっと、今日本でしているように、赤ちゃん用のベッドを夫婦の寝室に置いただろう。そして夫婦の日常（とそれに伴うこと）はそのままに、赤ちゃんの様子を注意深く見守るはずだ。

我が子の奇妙なクセ

さて、どうして見張っていなきゃいけないかというと、ぐっすり寝てくれるうちの子にも、じつは放っておけない癖があるのだ。うちの子は、目を離すと布団の下に頭から丸ごと隠れてしまう。もしくは、やわらかい素材でできた「安全パット」（ベッドの柵に赤ちゃんの頭がぶつかるのを防止するもの）のなかに、鼻を突っ込んでしまうのだ。窒息して死んでしまったらどうしよう、息が止まってしまったらどうしようと想像して、これまでに何度不安になったかわからない。

しかしこの悩みについては、解決策がみつかった。夜になったら、「スリーパー」で子どもをくるんで寝かせればいいのだ。

フランスでは、「スリーパー」は「ジゴトゥーズ（*gigotteuse*）」または「チュルブレット（*turbulettes*）」と呼ばれている。赤ちゃん用の、この服のようなものは、頭と腕以外をすっぽりと覆ってしまう。わたしは子どもを産むまで、これらのすてきな単語を知らなかった。「ジゴトゥーズ」や「チュルブレット」とは、フランス語の「うごく」「ジタバタする」という言葉からきている。これにくるまれると、赤ちゃんは好きなだけ手を動かせるのと同時に、布団に覆われた状態でいられる。頭と顔は外に出ていて、おしゃぶりも自由にできる。絶対におすすめのアイテムだ。

ただ、1つだけご注意を。スリーパーを買う前に、友達や同僚に確認するのをおすすめします。わたしは、うちの子のために1万円もする高級スリーパーを注文した、その日のうちに、同僚2人と女友達の1人から、こう言われてしまった。

「言ってくれればよかったのに。今じゃ何の役にも立たないのが、ウチにもあるよ」

ベビースリーパー
寝ぞうが悪くても布団からはみ出すことがない。
夏用と冬用あり

3ヵ月で仕事に復職しました

数えてみたところ、日本の産後休暇は産後8週間でおわりとなる。そうなると9月末には仕事に復帰しなくてはならない計算になって……。

そんなのムリ！　精神的にムリだ。

毎朝このかわいいおチビちゃんにお別れして、夜まで会えないなんて。しかもそれが週に5日も？　やっぱり8週間では早すぎる。法律でも認めているように、本当はあと数ヵ月、もしくは1年間の育休をとりたいところだけど実際は夢のまた夢。わが家は経済的な理由から難しいのだ。

これがフランスだったら話は違うのに。フランスでは社会保障が給料を完全にカバーしてくれる。それが日本では、当時なんと給料の2分の1しかもらえなかったのだ（2014年4月より67パーセントに）。お給料を通常の半分にカットされてしまっては、一家がこれまで通りの暮らしを続けるのは不可能だ。

ただ同時に、わたしはどうしても最低1ヵ月休みを延ばす必要があった。その間を利用して夫が新作を2冊仕上げることになっていたのだ。それに保育所の空きについては期待できないから、わたしが勤めだしたら夫に子どもの面倒をみてもらおうという算段もあった。結局、未消化の有給を使って1ヵ月休み、ついに復職の日を迎えた。

11月5日の月曜日。7月以来、久しぶりに朝の電車に乗り、会社へ向かった。気持ちは予想に反して軽く、緊張せずに落ち着いて出社できた。

たしかに母としては、これまで3ヵ月つきっきりで世話をしていた乳呑み児を置いて家を出るのはつらいもの。けれど同じ人に預けるなら、たとえベテランでもベビーシッターに預けていくより、子どもの父親の腕の中に預けていくほうがずっと安心だった。

すべてが出産前と同じ職場

オフィスに着いたのは10時半。デスクにPC、2つのモニター、そして椅子……すべてが元のままで待っ

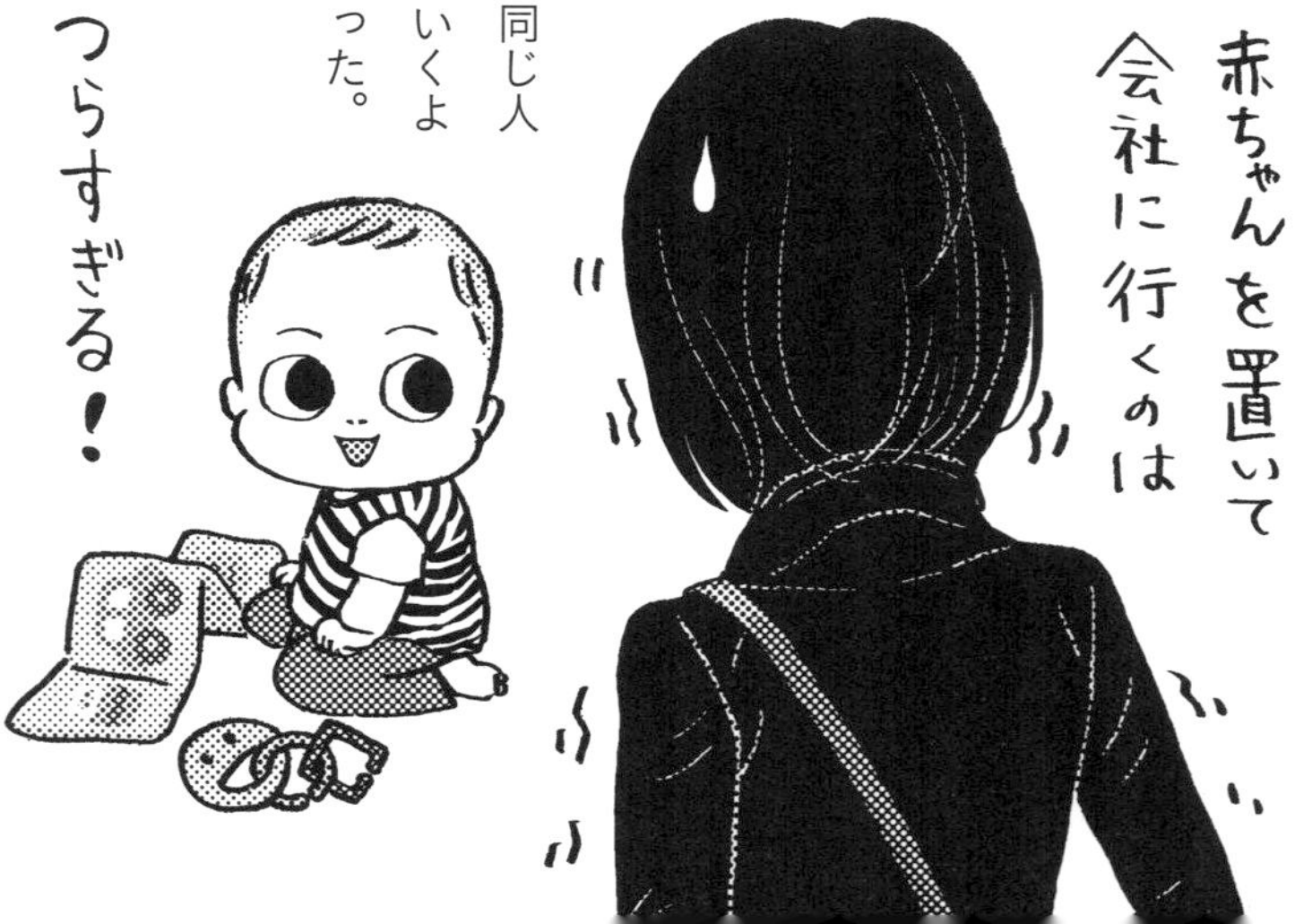
赤ちゃんを置いて
会社に行くのは
つらすぎる！

ていた。わたしの業務も手つかずのまま、いつもの席に戻り、以前と変わらない仕事を再開した。

同僚たちとは、まるで産休なんてウソだったかのように自然に挨拶を交わし、1時間もするとわたし自身ですら4ヵ月のブランクを忘れてしまった。

休職中に支局長が代わっていたことを除けば、PCの画面に子どもの写真を設定したことだけが、以前との唯一の違いだ。

フランス人にとっては、こうして産休後も変わらない待遇や給料を得るのは当然のことだ。でも日本人にとって、この事実は「幸運」に値するらしい。

わたしが産休に入る数ヵ月前のこと、同僚の日本人女性で男の子を出産した人がいた。出産後も最初の何ヵ月かを子どもと一緒に過ごしたいと1年間育休をとって復帰した彼女には、わたしの場合と同様、以前とまったく変わらないポストが用意されていた。それについて彼女は、フランスの企業は働く母親に対して実に理想的な待遇をしてくれる、と言っていた。そして、日本にいながらそうした企業に勤めている自分は恵まれているのだ、とも。最近はわりと改善されつつあるようだが、まだ「当然のこと」ではなさそうだ。

たとえばわたしの上司の場合、

「必要なだけ休みをとりなよ。産休中に空いた穴はこちらでなんとか埋めておくから」

と請け負ってくれた。

フランス人だった前任の支局長も、自分の息子を本当に大事にかわいがっていた人だった。ちなみに息子は彼に瓜ふたつ。それから今の支局長もフランス人で、4人の子の父親だが本当は6人欲しかったそう。彼もまた、子どもたちが赤ちゃんの頃は喜んでお世話をしていたと言っていた。

つまり彼らは、男性であっても経営者であっても同時にパパとしての顔を持ち、家庭と仕事の両立が親にとってどれだけ大事なことなのかをわかっている。だから法律とは関係なく、子育て中の人間にとても理解があるのだ。家庭の安泰なくしては仕事もうまくいかず、その逆もまたしかり、ということを知っている。

出産を経験した多くの日本人女性が、妊娠期間を通して自分が拒絶されているように感じたり、理解されていないような、外に追いやられようとしているような気持ちを実感したりしている。また、復職したとしても苦い思いをさせられてしまう。

キャリアについて、日本とフランスの差

たしかに、フランスの事情だって何もかもバラ色とはいかないけれど、そういうときには法律がある。日本とくらべてフランスでは、産休からのスムーズな復帰や、ワーキング

マザーの割合を増やすことがより重要なのだ。また、フランス人女性たちは日本人女性よりも、働き続けたいと願っている人が多い。

一方キャリアについて、日本人女性の考え方はフランス人女性とは時に異なり、まったく復職を望まないという人もいる。この観点から見ると、日本のワーキングマザーの割合がフランスに追いつく日はなかなか遠そうだ。

しかし、ハードな仕事に自ら進んで戻っていくフランス人女性たちの中には、わたしには到底できない努力で生活を支えている人たちもいる。

専業主婦になれないフランス女性

日本人の多くがイメージするフランス人ママは、やりがいある仕事をし、夫婦で家事分担をするという理想的なものかもしれない。

しかし本当のところをいえば、すべてのフランス人女性に選択肢があるわけではない。失業率10パーセントを超えるフランスでは、格差が拡大し、所得の低いママたちには生活費が必要なのだ。たとえば工場やスーパーマーケットで単調な仕事をこなしている女性たちの本音を訊けば、間違いなく「働かずに子どもたちと家にいたい」と言うだろう。

たとえばスーパーマーケットで働くアリスは、朝9時から12時、休憩をはさんで夕方4

時から8時まで勤務する。親が子どもと接することのできる朝と、夕方から夜にかけての時間帯に働かねばならず、たしかに1日8時間労働ではあるが、はたしてこれが「理想的なフランス人ママ」と言えるだろうか。

彼女たちは、それなりにお金を稼いできてくれる日本人男性と結婚できる日本の専業主婦たちをうらやましがるに違いない。たとえそれが家事をまったく手伝わない夫で、同僚たちとの酒盛り続きで酔っぱらって帰ってくるのだとしても。

だから、すべてのフランス人女性が必ずしも仕事と家庭の二重生活に満足しているわけではない。

わたしの場合、復職することで自動的に「仕事も家事も！」と追い立てられることにはならなかった。なぜなら夫は日本人男性であるのにもかかわらず（！）とても優しく柔軟な人なのだ。赤ちゃんのお世話は天下一品、買い物にも行ってくれるし、洗濯も、そしてなんとお料理までしてくれるのだから。

子どものいる女性といない女性

ところで1つ、驚いたことがある。4ヵ月間の産休を終えて今や子持ちとなって職場に戻ったわたしは、てっきり会社の人みんなから、「元気だった？」とか「赤ちゃんとの生活はどう？」などと尋ねてもらえるものだと思っていた。

実際、オフィスで働く3人のフランス人たちから最初にかけられた言葉はこういったものので、とても自然なことだと思えた。ほかに「おかえりなさい」というメッセージをくれたのは、とくにパリ本社の人たちをはじめとする海外支局のジャーナリストたち。なかには実際に会ったことはないのに、わたしがママになったと知ってメッセージをくれた人もいる。一方、同じ局で働く日本人スタッフのうち、こういった言葉をかけてくれたのはなんと、子どもを持っている人たちだけだった。これには首をかしげた。

わたしは今、人生でもっとも重要な出来事を経験している真っ最中で、幸福の絶頂にいると言ってもいい。でもそれについて、同僚たちの多くはわざわざコメントをしようとは思わないようだった。8年間もの間、ほぼ毎日一緒に働いてきたというのに。

もちろん、エゴイスティックな言い分だとは思う。よく考えてみれば夫の言うとおり、彼らにとってはどうでもいいことで、実際には他人の私生活に興味を持たなければならない理由なんてないのだ。しかも日本人は、フランス人よりもプライベートと仕事を分けて考えるもの。もしかして彼らとご飯でも食べに行けば違うのかもしれないけれど。

それでもつい、思ってしまった。子どものいる人からしか、ほとんど声をかけられないということは、日本社会に子どもをもたない人への否定的な空気があるからではないだろうか。少なくとも彼らはそうプレッシャーを感じているのではないだろうか。だから、この話題自体が日本ではご法度なのではないか。

わたしは41歳まで子どもがいなかった。フランスでは、そのくらいの年代の女性に、なぜ子どもがいないかと疑問に思われたり、ましてや肩身の狭い思いをするなんていうことはなかった。コンプレックスもさほど感じなかった。

「子どもはわたしの生活には合わないわ」

こう言えば、多くの友人たちが「そうね」と納得してくれるような空気があったのだ。

残念ながら最近は変わりつつあると聞いたが。

独身女性にタブーがある日本

もう1つ、こんなエピソードがあった。ある日、夫の仕事仲間で初対面の女性が来ている前で、私が息子と遊んでいたときのこと。フランス人のわたしは、無邪気にも彼女に向かって「あなたにもお子さんが（いるのですか）？」と尋ねた。

それに対して彼女は「いいえ」と一言。なぜかその後、気まずい間があった。わたしが何かヘマをやらかしたというのだろうか。なんとその夜、わたしは大好きな夫から叱られてしまったのだ。

「ね、そんなこと、単刀直入に質問しちゃだめだよ。相手に失礼になるんだから」

「どうして？」

こう訊くと、「独身女性」に子どもがいるかどうかを訊くのはタブー、とのこと。

タブー？ 冗談でしょ。まず、わたしは彼女が結婚しているかどうかも知らなかった。

それに、独身だから何？

というか、この感覚自体が、現代日本の病をはっきりと物語っているように思えるのだ。子どものいない人は社会からのけ者扱いされ、非難され（あるいは少なくとも「非難されている」と感じさせられ）、「子どもを産まない」というのは、つまり「人目を避けるべき異常な事態に苦しんでいる人」なのだと思い込まされる。

父親にならない、母親にならない、というのだって、尊重されるべき1つの立派なその人の選択である。子どもを産まないからといって、恥でもなんでもない。こういう選択だって社会から認められ、受け入れられて当然のことではないだろうか。

フランスを出て10年になるけれど、あちらでは何もそこまで彼らに罪悪感を持たせたりしないと思う。たとえ子どもを持たない人の存在が、日本よりさらにめずらしかったとしても。自分が選んだ人生の選択をできない状況というのは、批判されるべきなのだ。子どもを産まない個人を責めるのではなく、少子化、それ自体は社会の問題なのだから。

出産後の夫婦のベッドルーム問題

子どもを持つと、どうやって夫婦間で恋愛関係をつづけていくかを考えさえられる。少なくとも、そのことについて夫婦はもっと考えるべきだ。子どもがいつも最優先となるのはどうなのだろう。愛は、赤ちゃんを産むという行為において必要不可欠だ。そして、子どもがいる限り、両親間で愛を持続させたほうがいいに決まっている。でも、残念ながら実際には、そうはいかないこともある。別れてしまうカップルもいるし、1人で子どもを育てていかなくてはならない母親や父親もいる。家族はバラバラになったりもするし、また新しい別の家族を作ったりもするのが現実だ。

3組に1組が離婚するフランス

フランスでは、現在、3組に1組の夫婦が離婚をし、シングル・マザーやシングル・ファザー、父親と母親がそれぞれ再婚や事実婚をして前の結婚相手との子どもと一緒に暮らす複合家族となる。わたしは1人のフランス人として、この少しまとまりのない家族の風景には慣れてしまっているけれど、単純に、子どもとその父母である夫婦がうまくつづくこと、そして子どもが愛し合う両親の愛情につつまれて育つことがいいと思う。これはわたしが目標としていることでもあり、今のところ、わたしたち家族はそんなハーモニーの中で暮らしている。わたし自身が幼い頃そのような環境で育ち、協力的な夫に恵まれているからだろうけれど、それだけでは決して、こうはならない。第1子の誕生後、多くのカップルが、2人だけの生活から突然3人になることで、夫婦関係がくずれてしまうのだという。

そう聞くと、わたしは悲しい。3人目の家族である子どもの存在が、夫婦の絆の強化とはまったく逆の状態へ導いてしまうのだから。残念ながら、この、子どもが産まれることでの破局は、フランスでも日本でも、よくあることだ。

「夫は外で、妻は家で」の考え方

フランスでは、多くの子どもたちが婚姻関係外や複合家族で生まれる。また、離婚や複合家族はすごく一般的で、夫婦はたったひとつ予想外の事態が起きただけで、別れてしまうこともある。

日本は、家族＝結婚は、ほぼ絶対的な前提だから、おそらく夫婦はもしも別れる前にどうにかして別れないですむようによく考える。家族が増えたとき、ハーモニーを保つことができなくなるのは、バランスの悪さが原因かもしれない。なぜなら、赤ちゃんの存在によって家事の負担が一気に増し、母親にとっては明らかに手に負えない状態になるのだから。それにもかかわらず、日本ではいまだに「夫は外で働き、女性は家を守る」という概念が支持されている。フランスでは、もはやそんな概念は支持されていない。フランス人の妻たちは、家事や料理、洗濯を夫よりもやっているかもしれないが、それでもほとんどの日本の家庭よりはましだ。

家事より大事なキスとセックス

しかし、わたしが思うに、金銭的な問題同様、家事が恋人や家族との関係よりも重要になることなんてありえない。だから、家事の問題で夫婦がこわれていくのを放っておいてはいけないと思う。

家事の問題が、夫婦間の問題より深刻になることがそもそもおかしいのだから。2日間置きっぱなしのランドリーバスケットがあったり、キッチンのシンクに洗っていないお皿が残されていたとしても、愛を交わすための時間を作ることを惜しんではいけない。

2人で素敵な夜を過ごした翌日に、ランドリーバスケットや皿洗いの雑用をするのはたしかに退屈かもしれない。でも、セックスをするのは、肉体的な快楽だけでなく、健康上もいいし、夫婦関係を高めるためにもいい。

だから、ふきんやタオルをたたんだり、シャツにアイロンをかけたりする前に、ほんの1時間でもいいから、抱き合ったりして過ごすべき。それを悪いと思ったり、我慢したりしてはダメだと思う。

子どもが原因で離婚？

子どもの存在が夫婦関係をこわす原因にならないように（子どもにはそのつもりはないけれど）、たとえば睡眠時間を少し削ってみてもいい。とにかく夫婦が、2人で楽しく過ごす時間を強制的に作るべきだ。

子どもたちが眠っている間に、自分たちのベッドで、心から楽しめる時間を持つのは、夫婦関係を強くする最高の方法。性的な関係は、「妊娠するための行為」ではなく、カップルの関係を維持し、愛情を強める、夫婦間でつづいていくべき喜びでもあるのだ。

男性は女性よりセックスをしたがると考えられているが、そうとも限らない。妻だって自分の欲望を夫に知らせるべきなのだ。わたしの経験から言えば、眠りに落ちる前の夫の欲望を刺激することはたやすい。女性は、思い切ってそうした行動に出てみるのも1つの方法だ。

フランス人女性のイメージは開放的？

より多くのフランス人女性が自分の性的感情について考えるようになってきている。子どもを授かるためだけにセックスをするような時代はもう終わったし、そうであってはいけない。これから女性たちは、性的な喜びを得るためにセックスをすることを堂々と主張するだろう。それはとてもいいことだ。実際、フランスの心理学者パトリシア・ドゥラエイがこんなことを書いている。

「私たちが性的に幸せになるためには、ある種の決心が必要だ。なぜなら、それは、自分たちの考えを覆し、自分たちの懸念に打ち勝ち、官能性と性的欲望を育て、共有するためだからだ。もし『×歳以上は、毎週、セックスをたくさんし、あらゆることを試さなくてはいけない』などという命令が出されたら、つまらない。外部にあるすべての基準は、私たちの個人の望みを混乱させる」

年齢や子どもがいるかいないかに関係なく、自分がしたいことを発見し、維持することが重要なのだ。

夫とセックスをしたいと思ったり、夫とのセックスを素晴らしいと考えたりする女性は堕落しているのではない。結局、男女は、お互いを好きであれば、肉体的にも相性がいいというように理解し、家族をつくった後も、その関係を続けていかなければいけない。女性の性的欲望と女性が男性に期待していることについては、フランスの書店に置かれている多くの書籍に書かれているし、それらを購入することは恥なんかではない。

もちろん、フランス人の女性全員が性的に「解放的な女性」ではないが、ここ数年でその数は確実に増え、堕落することなしに、セックスについてのタブーに関心を持つようになってきている。

ママである前に「女性」のフランス人

性的な関係を結ぶことをフランス語では「愛を交わす」と表現するのに対し、日本語では「セックスをする」と言う。これは、感情のない物質的な行動のようで残念な表現だ。当たり障りがないようにも聞こえるが、そうではない。

フランス人女性が、職業生活と家庭生活を両立し、バランスのとれた生活をしようとするとき、彼女たちは日本人女性とは異なった優先順位をつける。彼女たちは、自分に女性らしくいられないような、１００パーセント母親の役割を自分に課すことはしない。

彼女たちは母親だ。でも、それ以前に女性である。

そして、それは間違いなく、精神的なバランスを保ち、不必要なストレスを感じないために必要な2つの側面だ。女性は妊娠中や出産後も、まだ女性であることを望み、求められたいのだから。

10歳まで子どもと一緒に寝る日本のママ

カップルとしてふるまい、子どもの前でもはっきりそれを示している両親を、子どもは邪魔してはいけない。子どもの前で手をにぎったり、キスをしたりするのは決して悪いことではない。父親と母親を結びつける愛は家族全体にいい影響を与えるし、愛し合う両親を持つと子どもは安心するにちがいない。

だから夜、子どもが見聞きしていないところで、両親は定期的に肉体的な快楽を得つづけるべきだ。母親と父親が満たされていれば、その幸福感は必ず子どもにも伝わる。後に、いい親子関係が築けるのだ。

日本の育児書には、子どもが10歳になるまでは親は子どもと一緒に寝なければならない、と書いてある。でも、このようにしていたら、夫婦はいったいどうやって性的関係をつづけていくのだろう。このようなアドバイスは日本の出生率の低下を解消してはくれないし、いつまでも女性は開放的になれない。

colonne 2

子ども乗せ自転車はパリにはない

フランス、とくにパリでは、チャイルドシート付きの自転車を見かけた記憶がない。日本ではシートが前と後ろに2つも付いたタイプがよく走っているが、それはもっと見かけない。ただ、フランスでも子どもを乗せて自転車をこぐこと自体は禁止ではない。ただし安全のため交通法でいくつかの規則を守るように定められている。

たとえば次のようなものだ。

・子どもは、自転車を運転する者とはべつのシートに乗せること。また、子どもの乗るシートにはかならず安全ベルトか、もしくはハンドルと足置きが装着されていなければならない

・5歳以下の子どもを乗せる場合は、かならず固定用ベルトの付いた自転車専用のチャ

イルドシートに乗せること
・子どもの足がタイヤに巻き込まれないよう留意すること

ところがパリジャンは、あきらかに自転車より車を好んで使う。

実際、子ども乗せ自転車をパリで見かけることはめったにない。パリの歩道はでこぼこしていて自転車をこぐのに不向きだからだろう。おまけに自転車用の道路がないと（少しずつ増えてはいるものの）、どうなるか。自転車は、歩道と自動車とバスとバイクとタクシーのあいだに挟まれて、とても運転しやすいとは言えない、むしろ非常に危険な状況に陥ってしまう。しかもパリジャンたちは車の運転が荒い。その間をぬって自転車をこぐのは、あまりにもスリリングだ。自分1人であれば、あえてスリルを味わってもかまわないけれど、子どもにまでそれを負わせるというのはどうだろう。

ハラハラするのはわたしだけ？

東京では、毎朝息子を保育園に送りに行くたび、チャイルドシートに子どもを1人、2人と乗せて自転車をこぐママたちをたくさん目にする。

この広い東京の街でなら、歩道や細い道を選べば、パリよりも安全かもしれない。それでもときどき、ハラハラするようなこぎ方の人を見る。猛スピードでこぐ人や、自転車をこぐママの抱っこひものなかで頭がそり返っている子ども（しかも支えているひもが1本しかないように見える）、あるいはもっと危ない体勢で乗っている子。それから雨のなか、子どもを2人も乗せて、片手で傘を握ったまま、片手運転をする人……。

急ぐ気持ちはわかる。学校や保育園が遠かったり、車を持っていなかったりするのだろう。自転車に子どもを乗せる〝正当な理由〟は、おそらく無数にあると思う。けれど、子どもをそのような危険にさらすことは、絶対に、絶対に、正当化できるものではない。だから子どもを乗せた自転車を見かけるたび、わたしはこう言って止めたくなるのだ。

「どうか降りてください。そんなことやめて。おとといも、きのうも、今日も、たしかに問題なくお子さんを乗せて、目的地までたどり着いたかもしれません。でも、明日も大丈夫という保証はないんですよ？」

彼女（彼）たちは、無駄に危険をおかしているとしか思えない。もちろん、そんなことがあってほしいとは夢にも思わないが、いつか取り返しのつかない後悔をするかもしれないのだ。悲しいことに、2013年のはじめごろ、5歳くらいの男の子が、お母さんの運転する自転車の転倒が原因で道路に転落したため、トラックに轢かれて亡くなるという新聞記事を読んだが、やっぱりそうかと思った（同時に、胸が痛んだ）。考えさせられずにはいられない。

パリにあふれるヌヌー事情

バカンスでフランスに帰り、パリの街角を歩いていると、わたしは東京では絶対に見ない光景にいつも驚かされる。

あきらかに50歳を超えた女性が、髪の毛や肌の色がバラバラの3人の子どもを連れている。こういう場面を目にするのは嬉しい。なぜなら、すぐさまこの女性はこの子どもの母親ではなく、ヌヌーだということがわかるからだ。

ヌヌー*（アシスタント・マテルネル）とは、他人の子どもの面倒をみてくれる女性で、フランスでは当たり前の存在なのだ。

依頼主の家に来てくれる人、自分の家で預かってくれる人、何人かのベビーシッターと共同で使用している家で預かってくれる人、資格（いくつかの基準を満たす証明書）を持っている人、持っていない人。ベビーシッターにもいく通りかのタイプがいる。ちなみに学生アルバイト的な短時間、短期間の保育を「ベビーシッター」と呼び、その場合、ヌヌーとは別物である。

＊もともとの言葉の意味は乳母《うば》。日本の「保育ママ」に近いかもしれない。行政機関によるチェックと数十時間の研修を経ている。チェックは5年ごとにされ、その内容は保育する設備や環境、フランス語の能力、保育経験と教育スキルの有無、犯罪歴の有無などだ。こうして得た認可は、EU全域で通用する（認可をうけていない非公認ヌヌーも存在する）。

保育園不足はパリも同じ

東京同様、パリでも保育所問題は深刻だ。

しかし、多くの若いフランス人ママたちは、経済的、職業上の理由から、産休後に仕事や教育をあきらめてしまうつもりなど、まるでない。そして、その解決策がヌヌーなのだ。ヌヌーたちは単に頼れる存在であるだけでない。子どもを集団的なシステムで預かってもらうより、1人につき子どもを3人まで面倒をみることが可能だ。個別対応を好む母親たちにとっては、このうえない選択肢だ。

こういう状況では、ベビーシッターは本当に

いい解決策なのだ。ヌヌーは、女友達や同僚が頼んでいる人や、近所で有名な人を紹介してもらったりして見つける。

なぜならヌヌーは、たいてい1度に3人までの子どもを預かることができるからだ。職業斡旋サービスもベビーシッターを紹介してくれるし、今やインターネット上でも探すことができる。こういうサイトは複数あり、パリだけでなく、ほかの都市のヌヌーを探すこともできるし、またヌヌーを探している親たちも広告を載せることができる。これは、*www.nounou-paris* というサイトに掲載されている広告の一例だ。

37歳のヌヌー。まじめでノンスモーカー。3年の経験あり。2ヵ月から2歳の子どもを月曜から金曜、8時30分から19時まで、ご両親の家で面倒をみます。食事（哺乳瓶）の用意、子どもの世話から着替え、入浴、学習ゲーム、散歩、安全管理、生活環境の整備までおこないます。興味をお持ちの方は、詳細をお知らせいたしますので、*E*メールか電話で連絡をください。

次は、ヌヌーを探す親の広告の一例。

こんにちは。わたしたちは2人の子どものヌヌーを探しています。上は2歳半で、下は5ヵ月になります。RER B線のリュクサンブール駅近くのアパルトマンに住んでいます。リュクサンブール公園の近くです。朝9時から18時ぐらいまでヌヌーが必要です。フランス人とポルトガル人のカップルなので、ポルトガル語も話せます。

ほかの家族と共同でヌヌーを探したいという広告もある。

2015年1月から、ヌヌーを共有してくれる、地下鉄コンヴェンション駅またはヴォジラール駅近く在住の家族を探しています。わたしたちの息子は、4ヵ月になります。現在ヌヌーがいないので、すでに決まったヌヌーがいないご家族の方がいらっしゃいましたら、一緒に探しませんか。わたしたちが必要な時間帯は、月曜から金曜、10時30分から19時半または20時までです。でも、ヌヌーの仕事はふつう8時30分からスタートするものなので、その点についてはもちろん相談可能です！ ご連絡お待ちしています。

こういった広告を見ていけば、自分に合ったヌヌーが比較的簡単に見つかる。

しかし、ママたちが参加するフォーラムを見ると、完璧なヌヌーを見つけるのは、実はものすごく大変だということがわかる。広告では、人物が過大評価されていて、実際はそれほど優秀でなかったりすることもある。いいヌヌーを見つけるには、絶対に複数の人を試してみるべきだ。そんな中で、外国人のヌヌーは、良い保育者であることが多い。その点については、こんな証言もある。

「若い外国人女性は、フランスで働くチャンスだと考えているから、優秀であるという印象を受ける。彼女たちは、通常、与えられた仕事に対して、勤勉だし、辛抱強い。わたしは近所の子ども（就学児童）の世話をしていたメキシコ人女性を仕事前の9時から11時まで雇ったけれど、彼女は稀に見る優秀な人材だ。子ども好きで、わたしの子どもたち（3歳と14ヵ月）と、とてもよく一緒に遊んでくれるし、子どもたちも彼女が大好き。アイロンかけや片付けなどの家事もとても上手。唯一の問題は言葉の壁。彼女はとてもシャイで、わたしとフランス語で会話しようとしないから、わたしがスペイン語でなんとかしゃべっているわ！」

フランスでは、ヌヌーという職業自体は新しいものではない。もう何十年も前から存在する。でも、女性が社会で活躍するにつれ、その重要性はさらに増してきている。それは日本よりずっと高い。今や女性が育児のためにキャリアを完全に中断するなんていうことは、ほぼないに等しい。もちろん、1年間育児休暇はとるけれど、いいポストについていて出世する可能性が高かったり、経済的に働く必要があったりする女性たちは、より早く仕事に復帰する傾向にある。

パリの保育事情

2013年の「イル・ド・フランス」が発表した家族手当に関する報告書には、「1960年代以降、社会の変化は女性の雇用を増加させ、それに伴い、誰が子どもの面倒をみるのかという問題が生じ、家族、とくに仕事と家庭を両立させようとする女性のために公的サービスを設けるよう政府が動くようになった」とある。

社会全体が、育児についての変化に対応していく必要があったのだ。金銭的な家族手当によって、両親はフルタイムもしくはパートタイムの仕事を続けることが可能となり、育児費用の援助にもなった。

フランスの都市部では、2010年、1万1200の施設で合計36万2000人の子どもの保育が可能となり、個人のヌヌーの数は42万6400人に達した。フランスのほかの地域とは違い、パリの街角で、多くのヌヌーを見かけるかもしれないが、実際には、ほかの都市とは違いパリには、集団保育施設のほうが、個人のヌヌーにくらべ、少しだけ多い。しかし、パリに住む3歳未満の子ども50万人の4分の3は、なんらかの保育を必要とし、その半数近くがヌヌーを利用している。

夫とのデートにヌヌーを

夫が外交官だったり、フランス企業に勤めたりして東京に住んでいる、フランス人の母親たちは、子どもの世話について定評のあるフィリピン女性の紹介所を頻繁に利用している。わたしの友人は、もう何年もフィリピン人のヌヌーを雇っていて、彼女の息子にとっては、ほとんど第二のママンのような存在だ。彼女には家で働いてもらい、給料を支払っている。そして、わたしの友人は、躊躇することなく仕事ができるだけでなく、夜の外出だって可能だ。

彼女は、こうすることで生活のバランスが保てるのだという。フランス人ママたちは、子どものために社会生活を犠牲するなどということは考えないし、パートナーとの夜のデートを楽しむために、子どもを他人に面倒をみてもらうこともためらったりしないのだ。

わたし自身も息子のために保育サービスを利用しなくてはならなくなったが、すぐに保育所が見つからず、ヌヌーを探すことを考えた。そして、友人に知り合いのフィリピン人ヌヌーを紹介してもらった。

でも……。すぐに、夫が不本意に思っていることを感じとり、わたしもそれを理解した。日本社会では、自分の子どもの世話をほかの女性、しかも日本語を話さない外国人に毎日、1日中まかせるのはどうも違和感があるらしい。もちろん、そうすることは可能だが、容易ではない空気があると思う。家族からあまりよく思われないし（おそらくわたしの義理の家族は何も言わないと思うがいい反応はしないだろう）、社会からは奇異に見られ、両親は立場を悪くし、それが子どもに跳ね返ってくる……。

知らない人に子をあずける不安

結局、わたしは、3ヵ月間保育園の空きを待ちながら、家で息子の世話をした。つづく5ヵ月間は夫が世話（この経験を心から喜んでいる）をし、そして、ついに息子は公立の認可保育園に入園できることになった。この保育園は、再就職を希望する多くのママンたちにとって理想的な解決法だ。

フランスでは、ヌヌーを雇っても、社会に母親失格の烙印を押されることなく、容認されるばかりか推奨さえされる。実際には、フランス人ママの大部分が、保育園などの集団保育をする場所ではなく、ヌヌーに子どもを預けているのではないかとわたしは思う。

実母は、わたしが小さい頃、自宅でヌヌーをしていた。わが家には、とてもかわいい2歳くらいの女の子が毎朝8時頃やってきた。当時わたしはまだ10歳、ほぼ毎日食事をともにする彼女は、まるで妹のような、家族のような存在であった。おそらく彼女にとってもわが家は第二の家族であっただろう。これは間違いなくすばらしいことだった。

とはいえ、フランス人女性であるわたしの、ヌヌーについての意見はこうだ。わたしはやはり自分の子どもをよく知らない女性と2人きりにさせるのは抵抗がある。

たとえばパリで、ヌヌーが子どもとウィンドウ・ショッピングをしていたり、大通りを急に横切ったり、ベビーカーでバスに乗ったりするのを見るたびに、この気持ちは強くなってくる。そんな光景を見ると、

「親たちはヌヌーが日中に何をしているのか知っているのかしら？」

と考えずにはいられない。つまり、彼女たちには、非常に「差」があるということだ。

ヌヌーという一かたまりで考えるのではなく、ヌヌーにはとてもすばらしい人もいれば、あまりよくない人もいる。だからこそ、いい人を見つけるのは大変なのだ。

colonne 3

日本女性は世界では「うけ」が悪い？

3月8日は「国際女性デー」。この日、フランスのある雑誌にわたしの記事が掲載された。タイトルは、「『妻は家庭に』を余儀なくする日本」。日本の女性がおかれている状況について書いたものだ。

「女性の社会進出が進めば、日本は救われる」

女性の代表が率いる機関、ＩＭＦ（国際通貨基金）が、単刀直入な見解を表明した。今より多くの〈ご婦人方〉が企業活動に参加すれば長年の不況にあえいできた日本もようやく救われるというが、今のところは夢物語にすぎない。なぜなら現在の日本の専業主婦の女性たちは大きく二手に分かれる。「まったく外で働くつもりがない」か、「働きたくても働くことができない」のどちらかだ。生まれる子どもの数が減り続けているのにもかかわらず、働きたい女性にとっては十分な数の託児所がないのが現状。彼女たちは「子育て」か「仕事」か、どちらか一方の選択を迫られている。

「ぜひお子さんをお預かりしたいのですが、すでに30名の乳児が空きを待っている状況なんです」

仕事復帰直前のこと。4つめに断られた私立保育園からの返答だった。それまでに約20ヵ所の公立の保育園にあたってみたが、わたしが住む東京の地区では、どこもすでに満杯だった。現在、日本ではおよそ2万5千名の児童が保育所の空きを求めて待機リストに名を連ねている。こうなると選択肢はない。両親のうちのどちらかが、少なくとも数ヵ月間は自分の仕事を犠牲にしなくてはいけない。日本では「ヌヌー」を雇うことも一般的ではないからだ。

そしてほとんどの場合、仕事を辞めることになるのは母親だ。多くの女性（約60パーセント）が、自らの意思で第1子が生まれる前に職場を去る。彼女たちは単純に、サラリーマンたちが連日の激務でへとへとに疲れ、責任の重圧と疲労感からストレスにまみれる様子を見て、同じような目にはあいたくないと思うようだ。

なかには仕事を自己実現の場ととらえている女性や、経済的な理由から仕事に復帰したいと考えている女性もいるが、悲しいことに、日本社会は彼女たちから復帰のチャンスを奪っている。

数年前、東京杉並区のママたちが、泣きわめく我が子を抱えて集結し、保育園を増やしてほしいと区長に直訴したというニュースが日本を騒がせた。当時、これを受けた杉並区長は、保育所の増設に向けて動くことを約束し、要請を受けた都知事もサポートする意向を示した。ところが、同じ区の男性議員で、保守派として知られるA氏（37歳）は、子育て中の家族についていきびしく批判し、この件を非難した。子どもを持たない彼は、「子育ては家庭で行うもの」であり「社会に協力を求めてくる母親たちにはモラルがない」と語った。

しかし、主婦を家に閉じ込めるだけでは何も改善されず、出生率の低下も解決しない。

IMFも次のように述べている。

「子育て中の両親へのサポートが充実している国ほど出生率も高い。女性の社会進出率が非常に重要だ」

企業活動に参加する女性の数が低ければ低いほど、一家庭あたりの給料は下がり、消費活動は抑えられ、経済活動自体が委縮してしまう。要は、構造自体が悪循環に陥っているのだが、日本政府は過去20年間の演説や公約の内容とは裏腹に、ひとつも実績を上げてこなかった。

ただし、政府だけが女性の社会進出を妨げてきたわけではない。若い層も含め、多くの国民がA氏と意見を同じくしているからだ。２０１３年10月に、政府が全国の成人男女、

5千人を対象に行った調査によれば、51・6パーセントの日本人が「女性は家庭で子育てをするもの、男性は外で働くもの」と回答している。この傾向は1992年の同じ調査以来、はじめての増加。

なぜ国民の考え方が、時代と逆行しはじめているのか。その理由は2011年3月11日に起きた震災の後遺症とも考えられる。まさに地震や津波や原発問題で国全体が震撼するなか、多くの母親も父親も子どもも、散り散りに離れたままで、合流できない状況に見舞われたのだ。

しかしこれだけが理由でもない。若い女性たちは、これまで年上の女性たちが社会にだまされてきた様子を見て、働く意欲を失っている。彼女たちの前の世代は、将来の出世を約束され、華々しい学歴を与えられてきたものの、実際のところは責任も給料も見合わない状況で働かされている。

行きづまる女性の社会進出を見た若い世代は、ふたたびおばあちゃんの時代と同じように考えだす。稼ぎのいい男性と結婚をして子どもを産み、自分は与えられた「お母さん」の役割に満足しよう、と。それでも、彼女たちは権力を失うわけではない。日本では、家庭のサイフの紐を握るのは女性だ。たとえ夫たちが苦労してお金を稼いできても、彼らの毎月のお小遣いの額を決めるのは妻のほうなのだ。

女性読者のみなさんにとって、わたしの記事は事実を誇張しているように思えるかもしれない。けれど、日本に暮らすフランス人からすると、実際に状況はこのように見える。

記事はフランスで大きな反響を呼び、読者から寄せられた感想はといえば、さらに「キツイ」ものだった。そのいくつかをご紹介したいと思う。

「日本の女性たちが今以上に抗議をしないとしたら、たぶん教育が足りないからだわ！ 忍耐力のほうはヨーロッパの女性より（はからずも）備わっているようですから！ 日本の男たちは家事もしなければ、赤ちゃんのおむつを替えたりもしないのでしょうね！　けれどいつかはそんな日がくるかもしれない！　日本の女性たちのために、そう願っています！」

これはちょっと厳しい「お言葉」。でもたしかに、わたしの夫は赤ちゃんのお世話が上手だけれど、日本人男性としてはまだまだ例外なのだ。また、日本在住のフランス人たちからもコメントがあった。ある人は、

「ぜひ現状を見に来てもらいたい。日本の家庭では、女性が実権を握っている。それなのに彼女たちときたら、勤めに行きたがらないんだ」

と、一喝。それからこんなコメントもあった。

「保育園不足が事実だとしても、不満を口にしている女性自体をあまり見かけません。それどころか、彼女たちは非常にアジア的な方法で子どもを甘やかしています（ママの布団は赤ちゃんが占領し、夫はべつの場所で寝かされる。これは夫、とくに外国人の男性にとっ

ては不愉快)。こうした日本的慣習は、ヨーロッパの文化とは比較できないですね。ヨーロッパでは、結婚後に仕事をしたがらない女性は怠け者とみなされますから」

このままでは日本は「女性にとって魅力的でない国」のイメージが世界に広がってしまう。グローバリゼーション環境の中で、日本女性はネガティブにみえる。ただし、単純にそう考えるのはよくないと、日本に住むわたしは思う。

日本では少年犯罪件数が他の先進国より確実に低い国である。それには母親もしくは父親が家に居るということも、少なからず関係していると思うのだ。

これらのコメントを読むと、日本であたり前のことが海外では不思議に見えるということが、あらためてわかるだろう。

3

これが日本の保育園

日本の保育園に入園

「おれたち、浮いちゃってたよ！　あれじゃ、目立ちに行ったみたいなものだ」と夫。

その日の朝に参加した保護者説明会での様子を、電話でお義母さんに話しているらしい。

息子をようやく近所の保育園に預けられることになったので、入園日の1ヵ月前に行われた保護者説明会に出席をしたのだ。これでわが子も、ついに「社会デビュー」である。

どうしてわたしたちが浮いていたのかって？

それは、子どもを連れて夫婦そろって出席をしたから。説明会に来ていたなかで、男性は夫ただ1人。あとの20名はすべて女性だった。そのうえ唯一の男性である夫のとなりには、外国人の妻（わたし）！　しかもリアルなキューピーちゃんみたいな子どもまで連れているのだから目立つわけだ。

フランスの保育園は日本よりゆるい？

その日、わたしを含む保護者たちは、いろいろと説明を受けた。

あまりに細かい指示がたくさんあってくじけそうになったけど、なにもこの保育園が日本一めずらしい保育園というわけではない。そういう点では、フランスは、もっとゆるくて、ストレスにはならない。日本人社会をそれなりに知っているわたしでさえも、フランスとの違いにあらためて驚いてしまう。日本のやり方がよくないとか、そんなふうには思わないけど、あまりにも多くの指示をされたわたしは、どうしても混乱してしまう。

たとえば、布おむつの使用について。フランス人であるわたしにとっては、「布おむつ＝おばあちゃんの時代」なのだ。フランス人ならみんなそう言うはず。だって、今は紙おむつというすばらしいものがあるんだもの。紙おむつなら、赤ちゃんがたとえ1リットルおしっこをしても、おしりはサラサラのままだ。これが第一のセールスポイント。これが布おむつだったらおしりがぐっしょり濡れてしまう。

でも、日本では違う考え方があるらしい。保育園が布おむつを選ぶのには、特別な理由があるのだ。

「赤ちゃんにとっては、おむつが濡れているときと乾いているときの違いがわかるほうがいいのです」

園長先生は説明する。

「もちろん、おしりがかぶれないように早めにおむつを換えてあげなくてはダメだけど、こうやって赤ちゃんはふたつの感覚を覚えるのです」

あぁ、納得！　これはかなり科学的で明らかな理由。それなら安心だわ。

「別に、布おむつが紙おむつより優れている、といっているわけではありません。強制的に布おむつを使わせるわけでもありません。それは、ご両親が決めることです」

園長先生はさらにコストをおさえるため、そしてエコであるという理由から使うのだと、説明をつづけた。おむつは、両親の希望やその状況によって使い分けることが可能なのだ。

わたしは、布おむつはおしっこをしたらすぐに換えられる状況で使い、夜など長時間換えられないときは紙おむつを使えばいいとのだと理解した。

これじゃ息子が泣いてしまう！

次にわたしが驚いたのは、食事の時間についてだ。最初の食事は、午前10時半頃。次は14時半から15時の間。当然3度目の食事もあるのだろう……とわたしは思った。

しかし、答えはノン！　その次の食事は家に帰ってから、つまり18時半過ぎに家で食べることになるのだ。

17時半を過ぎたころ、きっと保育士さんたちは、お腹をすかせたうちの息子に泣きわめかれるに違いない。息子は3時間おきに何か食べないとむずかりだすのだ。

「こんなの少なすぎるんじゃ……」と心の中で思った。

息子にかぎらず、2歳以下のおチビちゃんたちは、ちょっとの量を頻繁に食べるもの。それだけじゃない。食事の時間も、わたしが家で息子に食べさせていた時間とあまりに違いすぎる。日本人ママの家でも同じだと思う。

以前、わたしは朝8時頃に起きていた。これは大多数のママたちが寝坊だと思う時間よりもっと遅い。だから6時から6時半ぐらいに起きるようにがんばった。これでもまだ、ほかのママたちよりも遅いかもしれないけれど、わたしの寝る時間は、ほかのママより遅いはずだ。

息子が寝るのは夜の9時。私は夜中の2時だ。理由は私の勤務時間が海外の通信社ということで、すこしズレているからだ。いつも朝9時に出社し、帰宅は7時頃になるし、残業になることもあるのだ。

帰宅後はまずお風呂に入れたり、赤ちゃんの世話をして、食事を用意し、食べるだけでなく、出産以前から習慣にしていたエクササイズ（家に置いているウォーキングマシーンやエアロバイク）をしたり、本の執筆をしたり（わたしの代わりに本を書いてくれるゴーストはいないもの！）、読書（新しい知識を得続けなくちゃダメでしょ）をしたりする。

そして、これに夫との〝ピロートーク〟やそれ以上のことが追加される。だって、夫婦の関係を保たなくちゃいけないでしょ。そうこうしているうちに、わたしは深夜2時ぐらいまで起きているのだ。

でも、保育園での食事の時間については、すべての家庭に合うように考えられているのだと理解しなくてはいけない。とはいえ、わたしの懸念はすぐに消えた。うちの息子はすぐにその時間に慣れたのだ。それにわたし自身も思いのほか、この時間帯に慣れてしまった。こんなふうに、素人のわたしが良いか悪いか判断するよりも、プロに任せるべきなのだ。母親業についても同じだと思う。不思議だと感じるようなことも、実は理にかなっていたりするのだ。

日本の保護者はなぜ質問しないの？

もう1つ、驚くことがあった。福島原発の事故の後、わたしたち夫婦は園の食べ物の安全性について気になっていたので、その質問をしたのだが、それによって、さらにみんなの注目を浴びることになった。みんな同じ質問をするものだとばかり思っていたら、そうじゃなかった。ちょっとデリケートな問題だったからかもしれないけれど……。

そうしたら先生は、「今お見せしますね」と言い、原料の産地が書かれた献立表を持ってきてくれた。お米は茨城、ほうれん草は埼玉、そのほかの野菜は千葉。つまり、産地はぜんぶ関東。まぁ、当然のこと。より近い産地を選べば、より新鮮な野菜が買えるのだから。遠い産地のものはそのぶん値段も高くなったりする。でも、夫とわたしは、北海道や愛知、福岡、鹿児島といった、もっと遠い産地の食品のほうがいいと考えていたのだ。

するとと先生は、使用する食材については、毎週インターネットで放射性物質検査結果を産地ごとにチェックしているから大丈夫、とわたしたちを安心させた。わたしたちの住む区役所が毎週5つの保育園で提供されているミルクや給食をランダムに抽出し、放射性物質検査をしているらしい。とくにわたしたちの息子の通う保育園のメニューは細かく分析されているそうだ。

フランスよりも細かな対応

これは、わたしたちが予想していたよりもずっとずっといい対応で嬉しい。これがフランスだったら、ここまではやってくれない。でも、なぜ、保育士さんたちは、質問されるまで、保護者に説明しないのだろう。事故から数年たった今だって、心配している保護者はいるはずなのに。

もし、保育園にはっきり質問せずに、疑いを持ったままでいる保護者がいるのなら、とても残念だ。自分が疑問に思うことをみんなの前で質問するのは、誰にとってもいい勉強になると思う。たとえそれがタブーなトピックだとしても、責めたり問いただしたりするのではなく、正しい言葉で質問するのは大事なことだ。それが誤解や不信感を持たずにいる唯一の方法なのだから。さぁ、勇気を持って！

フランス人らしい息子！

こうして疑問はすべて解決した。やさしく熱心な保育士のいる公立の保育園に息子が通えているなんて、わたしたち夫婦はとてもハッピーだ。保育士さんたちに感謝の気持ちを伝えることをわたしは忘れたりしない。

息子の通う園はとてもカラフルで楽しい感じのする、ほんとうにすてきな保育園だ。わたしたちが園長先生に質問している間も、うちのオチビさんは、よそのママたちの視線を集めていた。彼は参加しているママたちみんなに笑顔を振りまいていたのだ。

そういえば、先日友人（長い黒髪の女性）が家に遊びに来たときも、いきなり彼女の膝にちょこんと座り、彼女の目をじーっと見つめてウインクしようと何度も両眼をパチパチさせていたっけ。うちの息子はほんとうに女の人が好きらしい。フランス人の血が流れているんだもの。この歳で、女性を誘惑しようとしていたとしても、しかたない！

女の人が大好きで
よそのお母さん達に
アピールしまくる息子

フランスより日本の保育園

「肌着が5枚、着替えが上下4、5セット、バスタオル2枚に、レジ袋も数枚でしょ、防災頭巾、靴下……」

あと他に何があるというのだろう。もしわたしが、典型的なフランス人のように文句ったれ《クレーマー》だったら、「日本の保育園はものすごく注文が多くてややこしすぎる！」と文句を言ったと思う。だってここ東京では、うちのオチビさんが保育園に持っていかなくてはいけないものが多すぎるんだもの。このリストを見たら、1日でなく、1週間ずっと子どもを預けっぱなしなのかと思ってしまうかもしれない。

フランス人がこのリストにあるものをきちんと準備したいのだったら、ギリギリにやってはダメだ。一瞬、保護者への〝いやがらせ〟かと思ってしまうようなリストだけど、これらはみんな必要なものなのだ。そう、オチビちゃんは、1日に4、5回着替えをしなくちゃいけないほど服を汚すのだ。

そんなこと、賢明な読者のみなさんならすでにおわかりだと思う。保育士さんたちは子どもたちに汚れた服のままで過ごさせるわけにはいかないから、たくさんの着替えが必要なのだ。こんなにたくさんの着替えを用意しなくてはいけないなんて、面倒くさいし、ちょっとイラつくけど、冷静に考えたら「洋服をたくさん用意する、ただそれだけのこと」なのだ。

ここで、わたしは悟った。友達の子どものお下がりは、絶対にもらっておいたほうがいい。そして同僚から段ボール2箱ぶんのお下がりをもらったときに、「こんなに着るのかしら……」と戸惑っていたあの日の自分に言ってあげたい。「安心して、カリン。いつか、それがものすごく役立つときがくるわ！」と。

そして、自分の子どもの洋服が小さくなったら友達に積極的にあげようと思う。保育園の保護者たちの間で、こうした洋服のやりとりはとてもいいことだ。

いよいよ保育園生活のはじまり

さて、こうしてバタバタと準備に追われたものの、ようやく迎えた保育園初日。いくらわたしにやる気があっても、ママとしては経験不足だ。忘れ物があるにちがいない（案の定レジ袋を忘れてしまった！）。それでも、うちの8ヵ月になる息子は、4月1日、保育園に無事に入園できた。確実にストレスを感じるけど、保育士さんたちは経験豊富だから心配する必要なし。日本中の保育園がすべて同じなのか、フランスではどうなのか。そんなこと、わたしにはわからないけど、保護者たちは毎朝、通園後に着替えを用意したり、ふとんカバーを替えたり、園でもやらなくちゃいけないことがたくさんある。

「朝のお支度」である。それ自体はちっともおもしろくないかもしれないけど、楽しみな部分もあるのだ。それは10分ほどの間、小さな息子が集団のなかでどう行動するかが、こっそり見られるからだ。

泣きに泣く息子

こうして息子は、社会デビューを果たした。どの子どもも同じだと思うけれど、うちの息子も泣いてしまった。まだママの経験のない人には想像がつかないかもしれないが、ぼろぼろ泣く子どもを、それがやさしい人とわかっているとはいえ、まだよく知らない保育士さんの腕の中に預けることはとても難しいのだ。

初日は、夫とふたりで息子を連れていった。保育士さんの態度については、クールに見えたり事務的に見えたり、いろいろ思うところがあったけれど、わたしは自分に言い聞かせた。公立私立にかかわらず、認可保育園の保育士さんは、第一に保育のプロだということ。だから信頼しなくてはダメだと。保育士さんは「偶然そこに居合わせた人」ではなく、そこで働いている「保育のプロ」なのだ。

第二に、心配なことや疑問があれば、フランス人らしく何でも訊くこと。実際、2日目に子どもは少ししか泣かなくなり、少しずつ食べるようになってくれた。お行儀よくしていたか、やんちゃだったか、よく遊んだか、お昼寝をちゃんとしたか、など、ありとあらゆる保育園での出来事が、すべて連絡帳に書かれるので安心する。

そして3日目、息子はもう泣かなくなった。泣かないどころか、国際結婚のわたしたち夫婦にいつでも気さくに相談に応じてくれる園長先生に向かって、にっこり微笑みかけるようになったのだから！

フランスより手厚い日本の保育園

息子の通う都内の区立保育園では、1歳未満の園児7人を3、4人の保育士さんが、1歳から2歳半までの19人を4人の保育士さんが担当している。フランスでは、まだ歩けない乳児5人につき1人、歩ける子なら8人までを保育士1人がみるよう法律で定められている。それを思うと、日本の保育園はずいぶん手厚い。

保育料については、フランスも日本も似たようなものだ。両親の給料に応じて、月額いくらと決められる。フランスでは、保育料は両親の収入の10パーセントが適当と考えられている。でも、保育料の半分は免税の対象だ。たとえ子どもが数日欠席したとしても金額は変わらない。またフランスでは、自宅で母親が面倒をみたり、ヌヌーにあずけたりするよりも、人とつきあうということが学べるという点で、保育園は子どもを預ける理想的な場だと考えられている。同時に保育園は子どもたちがいろんな菌に感染したりする場所でもあるが、これはある意味、悪いことじゃないとも言われている。「今かかっておけば免疫がつくもの」というのが彼らのもっぱらの意見だ。

フランスも保育園不足

保育園不足はフランスでも深刻な問題だ。子どものたった10パーセントだけが保育園に通えているという状況。でも、ヌヌーなどほかの保育の手段もある。保育士が保育のプロなら、こちらは「ママのプロ」とでもいうべきだろうか。こういう保育システムで、日本で似ているのは「保育ママ」かもしれない。それすらも定員いっぱいでなかなか預けられないようだが。ただ、こんなシステムがあっても、日本人ママは、他人に子どもを預けるということに、少なからず罪悪感を感じているようにわたしには見える。保育園に預けるというのは、学生などがアルバイトでやっているベビーシッターに預けるのとは、少し違う感覚なのだが。

「1日保育士体験」に参加する

「ほかの園児たちのおむつも替えたでしょ？」1日の終わり頃、夫が尋ねる。

「いいえ。わたし、そんなこと頼まれなかったもの」こう答えると、

「へえー。おれのときは替えさせてもらったけどな」と言う。

その日わたしは、保育園の様子を知るために「1日保育士体験」をしてきたところだった。1日保育士体験は、子どもを保育園に預けている親なら誰でもできるすばらしい取り組みだ。先に体験してきた夫も「とてもよかった！」と言っていた。ならばわたしも、と行ってみた。

体験は火曜日だった。子どもを連れて、自宅から早足で歩いて10分のその保育園に、朝9時に到着した。普段はそこで、子どもの紙おむつを布おむつに替えたり、到着時刻とお迎え予定時刻を記入したり、タオルを替えたりと、決められた「朝のお支度」をしてから出ることになっている。でもその日は、すでに子どもたちが遊んでいるひよこ組の部屋に通された。

子どもたちと遊びながら、1人ひとりの身ぶりや表情、体格、泣き声、動き方などを自分の子とくらべてみる。たしかに年は同じで、似たような速度で成長してはいるが、みんなそれぞれに違っていた。

七央は、ママがそばにいることが自慢で仕方がない様子。みんなの前で彼と遊んであげると、ひっくり返りそうなくらい喜んだ。でもわたしがほかの子たちと遊んでいるときは、あまりうれしくなさそうにしていた。

「不思議な水遊び」の時間

午前の部は、なかなかおもしろかった。わたしが保育士体験をしたのは夏ということもあり、子どもたちには「水遊び」というアクティビティがある。

この水遊びは、服を着たままの子どもを、ベランダに置いたたらいに入れ、プラスチックのじょうろで水をかけるというものだ。

ずいぶん変わったスタイルだと思うけれど、これが保育園で「シャワー」とか「朝の水遊び」とか呼ばれているものなのだ。子どもたちにとっては、服の上から水をかけられるというのがおもしろいのかもしれない。びっくりしちゃうようなこの「不思議な水遊び」に子どもを参加させる場合は連絡帳に丸印、もし具合が悪かったりしたら、バツ印を記入する。この水遊びは、子どもたちにとっては楽しいもののようだったので、遊んでいる様子を写真に撮りたかったのだけど、撮っていいか訊く勇気がなかった。だって、ダメだと言われるのがわかりきっていたから。

ちなみにこの「不思議な水遊び」。これがフランスだったら、保護者によっては、やらせたくないからうちの子はやりません、と言う人もいるだろう。わたしには、子どもにとって安全であるかどうかと楽しいことかどうか、そこがいちばん大切なポイントだから、たくさん丸印をつけたけれど。

おみずだよー
キャッ
キャッ
保育園の水浴びにびっくり!

ちょっと少なめ? 給食の時間

給食の時間もおもしろかった。ほぼ1人ひとりに違った献立があり、……食べ方もそれぞれに違っている。どの子もなかなか器用だ。もっとも気になっていた分量は、正直に言うと、品数が豊富なわりに少ないような気がした。

それにしてもスライド式のテーブルを並んで囲み、小さい椅子の上で食事をするひよこさんたち（息子は「ひよこ組」。なんてすてきな名前！）は、とてもかわいい。保育士さんの人数も３人から４人体制で、やんちゃな子どもたちを静かに食事させていた。

七央はといえば、すごい食欲。ぐずるどころかみんな平らげてしまった。家で食べさせるときよりも少しいい子だった気がする。

保育園では手作りの離乳食を食べさせてもらえるので、よく食べてくれるのはいいことだ。その点、わたしはまったく料理が下手で、家では離乳食を作ってあげられていない。

この日の献立（野菜、ごはん、魚、みそ汁、その他）は、一品ずつ小さなボウルに盛りつけられて出てきた。これもわたしだったら、無造作に全部ワンプレートに放り込んでしまうところだ。

ここで出される料理には、１つひとつレストランのようにきちんとした名前がついているが、家のごはんは出来合いの「何々ペースト」のオンパレード。いよいよわたしも離乳食の作り方を覚えないといけないんじゃないだろうか。うちの子だけが同級生の前でママの料理を自慢できないなんてことになったらかわいそう、と、わたしは自分に問いかけた。

「ぼくのママの料理ってとってもマズいんだよ！」

なんて、絶対にほかの子たちの前で言ってほしくないけれど、うかうかしていられない。

じつは悲しいかな、先日ついに夫から、友人や親戚の前で、

「うちは2人とも料理が下手でして……」

と言われてしまったのだ（これは日本でいうところの〝謙遜〟だと後で知ったのだけれど）。

それはそれとして、もう1つおもしろいことがあった。給食の時間になると、保育士さんたちは専用のエプロンを付けてやってくる。まるでANAやJALのキャビンアテンダントのようだった。頭には、スカーフも巻いていたのだから！

うつぶせ寝の習慣

食事が終わると、子どもたちはお昼寝をする。だいたいいつも、うつぶせに寝かせているようなのだが、そのせいで、今やうちの子もこの「やっかいな」習慣を身につけてしまった。ママ記者のわたしとしては、育児も疑問点はすべてデータをリサーチする。聞いたところによると、赤ちゃんをうつぶせで寝かせると突然死を招くリスクが2倍になるという。それを聞いて以来、わたしはすっかり不安になり、夫はわたし以上に気を揉んでいる。

実際に保育士さんに尋ねてみた。すると、

「大丈夫ですよ。15分おきに問題がないかどうか確認していますから」とのこと。

それは保育園では安全だ、ということ。でも、家ではわたしが毎晩15分おきに起きて、

息子が息をしているかどうか確かめなくてはいけないのだ。それからは気になって夜中に目を覚ます回数が増えて少し寝不足気味だ。

そういうわけで、日中、子どもたちはお昼寝をする。寝かしつけるとき、保育士さんたちはいかにも昔ながらの方法で寝かせていた。背中をトントン叩いたり、頭をマッサージしたり。事実、子どもたちはそれですぐに寝つけるようだった。とても参考になった。

わたし、話しかけてもらえないの？

子どもたちがみんな安心して夢のなかにいる間、わたしは保育士さんたちが話かけてくれるのではないかと少し期待していた。連絡帳の書き方とか、アクティビティの準備についてとか……。それどころか、気をつかってくれたのか、

「外の空気を吸ってきていいですよ」

とすすめてくれるのだ。それでわたしは近所の大型スーパーに行って、あてどなく買い物をした。

わたしが外国人だからかもしれないけれど、話をちゃんと理解できるかどうかわからず、保育士さんたちは、わたしに話しかけるのをためらっていたようだ。わたしぐらいの日本語のレベルだと、理解できるかどうかは、誰とどんな話をするかによる。この日わたしは、

少し複雑な気持ちのまま1日を終えた。もっと話しかければよかったのに、と自分を責めながら。

でも、保育園の子どもたちと過ごした1日はとても幸せだった。しかし保育士さんたちのことをもっとよく知ることや、保育士さんたちがうちの息子やほかの子どもをどう思っているか聞くこともできず、少し残念であったがまだチャンスはある。

ただ、もっと特別なイベントのある日に保育士体験をしてみたかった。今回わたしの体験日はとくに何もないふつうの日だった。翌日に「イベント」があると保育士さんたちは話していたのに。とにかく、わたしの希望はただ1つ。またすぐにでも保育体験をやりたい。だって一家庭に1枚という理由で、わたしは保育士体験の〝修了証〟がもらえなかったんだもの！

フランスにはない「運動会」に驚く

日本の保育園はすばらしいことに、日本の集団生活とはなんたるかを早くから教えてくれる。小学校、中学校、高校、大学、そして会社に勤めてもなお続いていく日本特有の集団生活の基本は、子どもが保育園のうちから学べるようだ。

集団生活をうまくいかせるには、秘訣がある。それは、各々に役割を与え、全員が等しく仕事を分担するということだ。集団内に違いが生じてはいけない。子どもたちはみんな同じ帽子をかぶり、同じ活動に参加する。どの家の両親も、同一に扱われる。こうして日本人は「平等」を実現するための努力を怠らないのだ。フランス人の場合、たとえ集団のなかでも、たいていはサッとお互いの違いを認識し、それぞれに異なる対応をとるのがふつうだ。そしてこれが統一されることはまずない。

日本では個人を犠牲にした集団生活の意識が、かなり早いうちから植えつけられるようだ。でも、フランスはその真逆だ。以前、知人である作家の平野啓一郎さんと、フランスと日本について語り合ったことがある。平野さんは「個人」という日本語は、英語やフランス語をまねして、明治時代につくられたものだと教えてくれた。つまり「個人」という概念は「輸入」されたもの。日本の文化には存在しなかった言葉なのだ。だからこそいまだに「個人」というものが日本にしっくりこないのかもしれないと。

1歳児も参加!?

団結を深めるためには、やはり全員参加の行事がいちばんだろう。全員で決められた通りに行事にかかわり、お互いにその姿を見せ合う絶好の機会だ。わたしは「運動会」をやる意義も、まさにこれだと思っていた。少なくとも3歳くらいの子どもたちには。

ところがなんと、この「運動会」には、保育の1年目のひよこ組さん、つまり息子と同じく生後数ヵ月から1歳ちょっとの赤ちゃんまでもが参加すると知り、びっくりしてしまった。

当日は土曜日の朝早く、8時半に集合をした。会場は保育園と

日本の保育園の運動会
0歳から参加することにびっくり!

わが家のちょうど真ん中くらいに位置する、小さな公園だった。

保育士さんたちの準備にも抜かりがない。飾りつけも音楽も準備万端。道具各種もしかるべき場所に配置されるか、もしくは出番がきたらすぐグラウンドの中央に持っていけるように用意されている。

わたしたちは家族みんなで参加することにした。いちばんの大所帯だったかもしれない。参加したのは、夫の妹とその3人の子ども、義父、夫、わたし、そして息子――いつでも元気いっぱいの今日の主役だ。

ひよこの付いた「ハチマキ」をしました

10月の中旬だというのに、当日は快晴で暑く、気温は30度を超えていた。

「運動をする集会」で「運動会」とは、すてきな名称だ。最年少のクラスから年長さんまで、園児たち全員がそれぞれに出し物や競技を準備してきていた。縄跳びや自転車競走など、どれを見ても、みんなかわいくて仕方がな

切り抜いた色画用紙を貼り合わせて丁寧に作られた手作りのハチマキにもびっくり
子供用
親用

い。息子のいるひよこ組の子どもたちは、階段をよじ上り、すべり台を降り、トンネルをハイハイして通るというプログラム。これは、保育園で週に数回繰り返している遊びだ。

ひよこ組だとわかるように、子どもたちは青い帽子の上からひよこの目印の付いた「ハチマキ」を巻いていた。付き添いの両親たちも同じものを付けるようにとのことだったので、わたしもひよこの付いたハチマキを巻いて参加をした。ちなみにこのハチマキは、よく見ると非常に細かく丁寧につくられている。保育士さんたちは、こんな大変な仕事までさせられているのねと同情した。

わたしは思わず1人笑ってしまった。だって、わが子を近くで見ようと階段の真ん前に陣取るパパやママが、自分の子どもの順番がくると、お決まりのように子どもの名前を呼ぶんだもの。

それでどうなったかって？　残念ながら、3段の階段をすべて上った子どもはゼロ。どの子どもも、大勢の観客にびっくりして、こわくなって、できなかったのかもしれない。

それに、階段が設置された公園の地面は、ふだん遊んでいるところにくらべたら平らではなく、少しガタガタだった。完璧なコースをつくらなかったことも原因だったと思う。息子は楽しそうにトンネルをくぐっていたけれど、やはり階段には上らずじまい。なかにはトンネルすらくぐらない子もいた。

しかしそんなことはともかく、彼らのかわいい姿は観客を賑わせ、子どもたち自身も楽しんでいたようでよかった。こうして、身体にも心にもいい「運動」というものを通して、同じ時間を共有する。それが、「運動会」の目的ではないだろうか。

フランスは参加しなくてもいい「ケルメス」がある

フランスにはこういうスポーツイベントは存在しない。保育園にもなければ、小学校、中学校、高校にもないので残念だと思う。親同士が交流できる機会はあまりないのだから。

フランスにも保護者会など、あるにはあるけれど、これも全員で行われるのではなく個別の面談でしかない。ただ学校によっては「ケルメス」と呼ばれる行事を行うこともある。

ケルメスとは、子どもたちと両親が招待される学校のお祭りのようなもの。それなりに楽しいような（楽しくないような！）子どもっぽいゲームがあったり、保護者の用意したお菓子や飲み物がスタンドに並んだりする。参加・不参加はまったくの自由。さらに参加したとしても、どのゲームで遊ぶかどうかは個人の自由だ。日本の運動会の場合、子どもたちはまるで宿題をやるように全員参加と決められていて、他の子の競技もかならず見ていなければならないことになっている。

まったく参加の自由なケルメスとはそこが違う。まさに日仏の生活様式の違いや、社会のあり方の違いを象徴しているようだ。

日本には、よりたくさんの社会的制約や義務があり、集団生活に参加することが求められる。一方、フランスでは、より個人の自由が尊重され、社会参加の度合いも個人で決められる、といった具合に。こうした違いは、保育園に行くころから早々と身につけさせられるものなのだろう。

どちらの場合も、長所と短所がある。でも、日本の集団主義はフランスの個人主義より、社会の中でよく機能しているのではないかと思う。

息子を日本で育てられて、わたしは幸せだ。保育園では、よく面倒をみてもらえているし、フランスで育てるよりも、人と分かち合うことを覚え、高慢だったり、自己中心的だったりすることなく育つのではない

かしら。

フランスは個人主義が強すぎるところがある。たとえば学校での掃除は生徒ではなく先生がするものだ。集団よりも個人主義が優先しているため、ゴミ箱からあふれるゴミや壊れた公衆電話、犬のフンがあちこちにみられるパリの街角には驚く方も多いかもしれない。

でも、フランス人の母として、個人主義の価値も伝えたいと思う。集団の中で自分の意見を持つことの価値や人と違うことをする価値だ。正解ある問題に答えを出す能力ばかりでなく、大人になったら、問題そのものを考えなければならないことばかりだ。

集団主義と個人主義、この2つは実は相反することではなくて、補足し合うものなのだ。きっと、この2つの考え方が息子を支え、個人の権利と自由を集団の中で生かせる人になってくれるだろうと思う。

わたしたち夫婦は親として、息子を日本社会から孤立しないように育てなくてはいけない。だから、日本とフランスという2つの文化の間で、できる限りベストの教育を受けさせたい。自分の日仏アイデンティティを表現できるような人になってほしい。

たすけて！「日本のお母さん」ってどうやるの？

フランス人のママと日本人のパパ。親になるなんて、2人ともこれがはじめてのこと。冗談抜きに、おままごとのような毎日を送っている。わたしの家族は、無鉄砲で計画性のないわたしの生き方を見て、もう子どもを産むことはないだろうと思っていたらしい。わたし自身でさえ、子どもを産む前はこう言っていたくらいだ。

「わたしに子どもがいなくてよかったわ。もしいても、何もしてあげられなくて不自由な思いをさせてしまうはずだもの」

夫の場合も同じだ。彼の両親は、息子はこの先結婚することもなければ、子どもを持つこともないだろうとあきらめていたという。2人は小さい子どもが大好きなので、孫の顔を見られないことを残念がりつつも、仕方がないと思っていたらしい。

ところが彼もわたしも、たしかにふつうよりは遅いものの、実際にパパとママになる日がやってきた。子どもがいると、まるで若返ったような気分だ。それに、若いときに十分遊び、人間としても成熟し、キャリアも築いた40代の今でこそ、子どもを持つ時期としては正解だったかもしれないと、わたしたちはよく話している。息子自身も苦労する様子はなく、むしろ幸せそうだ。たとえわたしたちの子育て方法が、というか、とくにわたしの子育て方法が、多少「変」だったとしても……。

じつは、わたしのやり方は、いつも保育士さんたちをびっくりさせてしまう。さらに夫さえも、驚かせてしまうことがある。でもこれは、断じてわたしのせいではなく、わたしがフランス人だというだけのこと。なぜならフランスと日本では、赤ちゃんのお世話の仕方がまったく違うことがある。ただ、単なる習慣の違いが、ときにはまわりをひどく心配させてしまうことも事実だ。

発熱後の「お風呂」問題

たとえば赤ちゃんに熱があるとき、日本ではお風呂に入れないようにするのがふつうだ。しかしフランスではまったくその逆で、赤ちゃんの熱の温度より2度低い水に、何度も入浴させるといいといわれている。

39度の熱がある場合には、37度のぬるま湯の風呂に何度も入れるといった具合に。

ただし、インターネット上でフランスのママたちや医者が交わしている議論を読んだところ、この「2度下げ」方法については賛否両論のようなので、ほんとうに効くのかどうかはわからない。

おなかを下した赤ちゃんにはバナナ？

赤ちゃんがおなかをこわしたとき、日本では何を食べさせるのか知らないけれど、フランスですすめられている食材なら知っている。

フランスでは、お米、ニンジン、バナナが効くというのがほとんど常識で、とくにバナナは、いわば「おばあちゃんの知恵」。つまり、医学的な根拠はなくても効果があるので、母から娘へ、そのまた娘へと受け継がれていった「民間療法」だ。

息子が11ヵ月のとき、ひどい下痢をしてしまったことがあった。そのときわたしは迷わずバナナを食べさせ、当然のごとく保育園にも、バナナを食べさせましたと伝えた。

そうしたら、こんなふうに言われてしまった。

「バナナなんて食べさせちゃダメですよ！　もっとひどくなっちゃいます！」

またやらかしてしまった。とにかく、食べ物のことになると、わたしはまるっきりダメなのだ。少なくとも、今まではうまくやれていないことを自覚している。

「オレたちが子どもに食べさせてるものって、絶対に他の家とかなり違うよな。他の家では、何を食べさせてるのか知りたいなぁ」

夫は何度も同じことを言う。わたしたち夫婦は2人とも料理が得意ではないので、保育園の連絡帳のその日食べたものを書く欄に、いつも料理名ではなく、食材だけを並べているのだ。たとえば、昨日の夕飯のメニューはこう書いた。

「ニンジン、ジャガイモ、さかな、ブロッコリー、アスパラガス、カリフラワー」

毎日こんなリストでは、保育士さんたちも笑っているんじゃないだろうか。もちろん夫とわたしがシェフ並みに腕をふるっていると見せるために「摘みたて野菜各種を使ったムース」なんて書いてもいいけれど、これじゃちょっと大げさだ。たしかに夫が言うとおり、よその家では何を食べさせているか知るために、いつか他の子どもたちの連絡帳をのぞいてみなければ。

ときどき料理に使う食材の種類が少ないと夫に注意されることもある（とても優しい人なので、意地悪な口調ではなく、あくまでも子どものためを思って言ってくれているのだ）。

あるとき夫は「ホントに種類が少ないね……」とわたしの料理をみて率直な感想をボソッとつぶやいた。なんですって！　わたしの知っているマッシュポテトは、ジャガイモと牛乳と、塩少々にバターくらいしか入れない。しかも子どもに大人気のメニュー。とはいえ、それからというもの、わが家の定番のマッシュポテトは10種類の野菜をつぶしたものになった（おいしくなったかどうかはあやしいけれど）。

食材に関しては、保育園から注意されることも多い。まったく反論の余地のない、お医者さんからの指導のようなプロフェッショナルな注意だ。

「1日の終わりに、そんなにたくさんの牛乳を赤ちゃんに飲ませてはいけません」

「たしかに七央くんはお豆腐が好きですが、毎日食べさせるのはやめてください」

日々勉強になります……。

提出物は締め切りギリギリ

さらにわが家は、保育園から提出物や宿題が出るたびに、期日ギリギリまで放置してしまう。書類の提出や、新しい持ち物の準備や、新しい食材を子どもに試す（アレルギーかどうかの確認のため）ことなど、いつも直前になってからだ。日本人の家庭はどうしてこうもみんなきちんと規則を守れるのか、驚いてしまう。

あるとき、粉ミルクではなく牛乳を飲んでも大丈夫かどうかを確認するために、家庭で事前に飲ませてくるという「宿題」が出た。ところが気づいたらそれから1週間もたってしまっていた。すると朝から保育士さんが続けて3人もわたしのもとへやってきて、

「どうです？　牛乳は飲んでくれましたか？」

「（忘れてた！）……はい！」

わたしはにっこりと笑顔で答えた。「と、とても気に入ったみたいですっ!」と付け加えるのを忘れずに。だが実は内心(助かった)とほっとしていた。ラッキーなことにたまたまその日の朝、牛乳のことを思い出して飲ませたのだ。あやうく怒られるところだった。けれど、実は、わたしはときどき徹底的に叱り飛ばしてほしかったりするのかもしれない。こんなふうに失敗しながら、わたしは少しずつ、少しずつ学んでいるのだから。

わたしの育児をささえる哲学は、世界的に有名な小児科医で精神分析家のフランソワーズ・ドルト*のフレーズなのだから。

「すべての集団は、コミュニケーション、相互扶助の精神、団結の精神によって形成され、かならず1つの目標をめざします。その目標とは、1人1人がお互いの違いを認めながら、自己実現を果たすことです」

「こどもはみんな、親の心理セラピストのようなものです」

最後にもっと簡潔で、より力強い言葉をこの本を読んでくれているあなたにも捧げます。

「赤ちゃんこそが、お母さんをつくります」。

*フランスの子育てに革命をもたらした女性。代表作に、ラジオの育児相談番組での回答をまとめた『赤ちゃんこそがお母さんを作る(*Lorsque l'enfant paraît*)』(みすず書房)がある

ママ記者、育児のいろいろな心配ごとを園長先生に聞く

この章の最後に、みなさんを勝手に代表して、育児の心配ごとを育児のプロに率直に聞いてみた。子どもを保育施設に預ける親にとってとても心配なのは、食べ物についてや、どんな遊びを何のためにやるのか、また、保育士さんたちやほかの保護者たちとの関係などではないだろうか。これら全部を、わたしの息子が通う公立保育園の園長先生に聞いてみた。フランス人ママ記者として本領発揮である。

Q1

保育園のメニューや使用する食材はどうやって決めるのですか？

メニューは、区がすべての区立保育園向けに決めます。メニューを決定する部署には栄養士がおり、栄養バランスや所定の基準を満たすメニューを考えています。だから区内では、保育園ごとにメニューに差はありません。園児の年齢ごとに必要な栄養

を考えた質の高いメニューを提供できるわけです。メニューはすべて手作り。栄養・カロリーにも配慮されています。おもな原材料はできるかぎり区内で購入しています。たまに、すべての原材料を区内で調達していることも。こうすることで、区内の業者の活動を支援できると同時に、経済の健康促進もはかれます。関東地方での「地産地消」で、より新鮮で安全な原材料を調達できるし、ひな祭りなどの行事向けの特別なメニューも簡単に準備できるのです。

Q2

子どもたちがやるアクティビティについてもお聞かせください。

保育園で行うアクティビティの目的は、子どもたちのさまざまな感覚を育てることにあります。保育園全クラスの子どもたちの感覚を、区の教育方針に沿って、また保育園の教育方針に沿って育てていくのです。前者については、教育の専門知識に基づいて考えられた子どもの発達のために基本的なアクティビティを行います。そしてそのほかにも、各保育園が独自に創った、さまざまなアクティビティを行います。子どもたちが保育園から小学校に進む、むずかしい過程をできるかぎりスムーズに進めるよう、わたしたちは導かなくてはいけないのです。

保育園では、男の子と女の子で、とくに別々の教育をすることはありません。子どもたちは1人ひとり違った性格を持っていて、異なるアクティビティを楽しみます。だから、わたしたちは子どもたちを性差や月齢などでグループ分けしたりすることはしません。

でも、日本の伝統的な行事のために、たとえば男の子は子どもの日を、女の子はひな祭りを祝うなど、男の子と女の子を分けることはあります。日本では、たくさんの伝統的文化的行事がありますが、最近では家庭で親から子へそれを受け継いでいくのがむずかしくなっていると思います。本来そういった伝統文化について教えるのは家庭の役目なのでしょうが、そういう価値を共有していくのは大切なことなので、保育園でわたしたちが伝えています。

Q3

セキュリティはもっとも重要だと思いますが、どのような対策をとっていますか？

保育園では、区が定めた多くの対策をとっています。たとえば、入口はオートロックにしていますし、夜間は民間の警備会社にお願いしています。同時に職員1人が安全に対しての意識を持つことや、リスクマネジメントをすることも重要だと考えています。

そのためにわたしたちは特別なトレーニングを受けています。保育士全員が専門的な教育を受けているのです。

たとえば、不審者が侵入してきたときはどのように対処したらよいのか。警察などの専門家から教わり、定期的に知識をアップデートしています。

地震や津波についての対策としては、法律に従い、毎月避難訓練を実施しています。

さらに、図書館やお年寄りの介護施設と共同で、少なくとも年に2度訓練をしています。

これも法律で定められていることです。

Q4

保護者からの苦情にはどう対応していますか？

保護者の方からの苦情は、お子さんの扱われ方についての非常に重要なことです。

むしろ、そういったことをうかがうのは、わたしたち保育園にとってプラスです。保護者の方には不満もあるでしょうし、わたしたちを非難したいこともあるかと思います。

わたしたちはそういう意見を真摯に受け止め、対応したいと考えています。保護者の苦情は、単なる文句であることはめったにありません。保護者が不満を持つのは、園の様子や子どもの様子をもっと知りたいという気持ちの裏返しではないかと思っています。だからこそ、わたしたちはきちんと対応しなくてはいけないのです。わたしたちが保育園で行うことにどのような意味があるのかを説明するのはわたしたちの仕事なのです。保護者の方が違う解釈をされていることもありますので、その場合、わたしたちは、保護者の方の考えを受け入れるか、そうでないかをはっきりと説明しなくてはいけないのです。ちゃんと話し合い、ご理解を得ることが大切です。

わたしたちは、お子さんの教育に悩んでいる保護者の方のアドバイザーとしての役割も果たしています。たとえば、まだあまりしゃべることのできない1、2歳のお子さんに手を焼いている親御さんは少なくありません。これは、子どもを持つ親なら誰しもが経験する、最初の困難です。

「うちの子はあまりよく寝てくれません」

「寝るのがいつも遅いんです」
「ちっとも食べてくれません」
などなど、心配になることはたくさんあります。幼児教育の専門家としてわたしたちは、保護者の方の悩みに対して、もっとアドバイスするべきでしょう。保護者の方にそうしたアドバイスをするために、もっともっと何を心配に思っているか知りたいと思っています。わたしたちがここにいるのは、子どもの教育のためだけでなく、親御さんの教育のためでもあるのです。もしかしたら、すべての悩みに適切な解決策をお伝えすることは無理かもしれませんが、少なくとも、一緒に対策を考えることはできます。

保護者の方々同士でも、もっとコミュニケーションがあるといいと思っています。これは子ども同士が仲良くなる方法でもあるのです。

最近はおじいちゃん、おばあちゃんとは離れて住んでいたり、ご近所とのつながりも薄くなりつつあるので、保育園に子どもを預けにきたり、迎えにきたりするときに、ほかの保護者の方とコミュニケーションをとっていただければと思います。経験からお話しすると、保護者同士の関係は長くつづくものです。なぜなら、子どもたちは、卒園後、同じ小学校に進学して、一緒に育っていくものなのですから。関係を築くのは、それぞれのライフスタイルがあったり、日々の生活のスケジュールが違ったりするので、そんなに簡単ではないかもしれませんが、メリットは大いにあります。

Q5

日本の出生率は低下していますが、その点については懸念されていますか？

子どもを育てていくことがむずかしいと考える気持ちは理解できますが、だからといって、子どもを産むことに消極的にはならないでほしいと思います。

子どもの成長を見ていくことは、人間が経験できるもっともすばらしいことなのに。もちろん、さまざまな理由で子どもを持つことのできない方もいらっしゃいますが、もし可能性があるのなら、それを活かしてほしいです。

日本には「案ずるより産むが易し」ということわざがあります。子どもを育てていくことのリスクやむずかしさを考えたりするよりも、実際に子どもを持ってみてから、自分の意見を持てばいいのです。もし、みんながみんな、わたしみたいに考えていたら、子どもの数はもっと増えるかもしれませんね。日本人はいつでも失敗を恐れています。一度失敗すると、立ち直るのがむずかしいからです。この恐れから、多くの力ップルがいろいろチャレンジするのを妨げているのではないかと思っています。残念な話なのですが。

colonne 4

ビズ（キス）をする息子

２０１３年のある夏の日、息子を迎えに行った保育園で、周囲から視線を感じた。

普段は仕事で遅くなることが多いので、18時のお迎えにわたしが間に合うのは、めずらしいことだった。１歳の息子がわたしを見つけ、ハイハイで近づいてくる。しゃがむと、息子は起き上がって首に抱きつき、わたしの頬にチューをしてくれた。わが家ではいつものことだ。わたしが仕事から帰ると、息子は毎晩こうして熱烈に出迎えてくれる。

ところがその数日後、保育園の連絡帳にこう書かれていた。

「七央くんは、チュッチュマンで、大人でも、友達でも、服でも、どこでもチュッチュ。チューをしにいくので、頬をずらしたりしますが、そんなことにはまったくめげずに突進していきます。その行動力はおかしいくらいかわいいです」

わたしからしてみれば、それのどこがおかしいのかわからない。子どもなら誰でもすることじゃない、と思った。それでも保育士さんたちには、おかしなこととして映った様子。ということはつまり、他の子たちは七央と同じような行動はしないのだろう。夫は次のように返事を書いた。

「七央がチュッチュしているところを見て驚かれたかもしれませんが、これはフランスの習慣で、両親も七央の周囲の人間も、挨拶のときにキスをしています（フランスではこれをビズと呼びます）。七央のママも、七央にビズをします。おそらくその影響でしょう」

それに対して保育園からの返事はこうだった。

「わたしたちもきっとおうちでチュッチュしているからだろうね、と話していました。その姿かわいいですね。突進していくので、その力に負けてしまうお友達もいますが……」

日本の家庭はキスしないの？

これを読んではじめて、どうやら日本の親たちは、フランス人と違って、まったく子どもにキスをしないのだと気がついた。朝起きてから夜寝るまで、子どもに一度もキスをしないなんて、フランスではまったく考えられない。キスの習慣は、フランスでは呼吸をするようにあたりまえのもの。当然のことながら、子どもたちは、そのなかでもっとも多くキスをされる対象だ。

実はわたしの夫にも、フランスでビズの習慣にとまどった経験がある。それを漫画にしたところ、実際とても反響があった。キスで挨拶をする国は他にもあると思うけれど、これほど頻繁にしている国はフランスだけではないだろうか。

さて、「ビズ」を知っていますか？

たとえばフランス共和国大統領・フランソワ・オランド氏が、ある幼稚園を訪問したときのこんなエピソードがある。園児の1人が大統領に「ビズをしてもらえますか？」と頼んだそうだ。フランスでは、これは「ちょっとしたお願い」の部類。すんなり大統領に受け入れられた。するとなんと、あっという間に大統領は子どもたちに囲まれ、「ビズして！」コールの大合唱が始まってしまったという。大統領の感想は、「わたしはビズ大統領ですね」。

では、「ビズ」とは何か？

フランスの国語辞典を見ても「ビズ」の定義は見あたらない。なぜなら説明など必要ないからだ。誰しも（フランスに住む者なら）小さな頃から、ビズが何かを知っている。ビズはフランス特有の習慣だ。道のど真ん中で、堂々と頬を触れ合わせている人々を目の当たりにできるのは、この国だけだろう。

「ビズ」とは、頬にするキスのことだ。フランス語では、キスを表現する言葉がいくつも存在する。「ビーズ」「ベゼー」「ビズ」あるいは「ビビ」なんて言うことも（たとえば子どものころ、祖父はわたしに、「おじいちゃんの頬にビビ（チュー）をして」と言っていた）。

通常ビズとは、唇と頬が触れ合うことを指す（自分の子どもにキスをするときにはかならずそうする）が、友人相手に挨拶をするときのビズでは、唇はどこにも触れさせず、空中にキスをすることもある。友人同士の場合、唇や頬の接触があるかどうかよりも、キスのような音を立てることが肝心だ。フランス人の子どもは早い時期から、言葉を覚えていくのと同時にビズの作法を学んでいく。

そういうわけなので、外国人にとってビズの作法は、フランス語の動詞活用表や、女性名詞・男性名詞を暗記するのと同じくらいむずかしい。

しかも、さらにむずかしいのは、地域によってビズの回数が2回、3回、4回と異なることだ。これはフランス人にとっても大変。

難しい？「ビズ」の作法

もともと欧米文化では、人と会うときと別れるとき、友情や愛情の表現手段として、頬にキスをするのがだいたい一般的だ。しかしビズは、フランス人にとって単なる習慣の枠を超えて、一種の社会行為としてフランス人自身が好んで使う挨拶の手段といえる。

フランスに住む外国人、とくに日本人は、はじめのうち、どこの国の人よりも苦労するかもしれない。フランス式ビズに慣れ、隠れた作法を理解するまでに苦労したという話は、うちの夫に限らず、多くの外国人からよく聞く話。

実は、ビズのＴＰＯをわきまえるためには、次の５つのポイントを押さえる必要がある（それも素早く無言のうちに！）。

いつ？　誰に？　どうやって？　どちらの頬を差し出す？　何回すればいい？

……まったく、悩ましいこと！

1 いつ？

親しい人に会ったとき、誰かの家を訪れたとき、長い休暇から職場に戻ったとき、パーティやセレモニーで、もしくはプレゼントをもらったときや旅行に発つときもビズをする。ビズにかかる時間は、当然ビズをする相手の数だけ長くなる。もし友達のホームパーティに招かれて、そこに15人の人間がいた場合、最低でも30回（15回×2）ビズをすることになる。これが4回ビズをする地方なら、さらにその2倍ビズをすることになるのだ。

2 誰に？

これはむずかしい。ビズをしてもいい相手かどうかは、相手との関係性（親戚、友人、仕事仲間）、年齢や地位にもよる。たとえば、上司とはすぐにビズをしたりしない。向こうからビズをしようと言われないかぎり、してはいけないことになっている。その代わり相手が同僚であれば、出勤時にビズで挨拶をすることはよくある。ただ、ときには、理由もなく感覚的にビズをしないこともある。同僚のなかに、ビズをしたことがない相手がいたりするのだ。しかしその人が、他の人ともビズをしていないかというと、かならずしもそうではない。

男性同士でも、友人同士や家族同士、親戚同士の場合にはビズで挨拶をしてもいい。わたしが子どもの頃には、ほとんど男性同士の場合はビズではなく握手で挨拶をしていた。ところが最近では、フランスに帰るたび、男性同士のビズをよく見かけるようになった。とくに若い世代は、男同士のビズにも抵抗がなさそうだ。また一般的に女性は、相手の性別に関わらずビズをすると決まっている。日常的に、友人同士なのに挨拶を握手ですませるのはよく思われない。

3　どうやって？

よく知らない相手には、ビズはごく軽くする。頬を軽く触れ合わせるだけでいい。ビズをするときに相手の身体にさわるのは、友人同士であればほぼ問題がないだろう。身長に差がある人間同士がビズする場合には、肩に手を置くこともあるかもしれない。それから、首や頭に手をまわしていいのは、家族のあいだか親しい友人のあいだでのみ。これは、相手がスキンシップに慣れていて、かならず気分を害さないという保証がなければむずかしい。その点、女の子や女性のほうが、もともとボディランゲージを攻撃的にとらえられることが少ないので、男性よりも自由にふるまえる。

4 どちらの頬を差し出す？

これもむずかしい質問だ。相手がどちらの頬を差し出すかをできるだけ観察してみて、頭がぶつかるのを避けるしかない。

5 何回すればいい？

これは大問題。ビズは何回するのが正しいのだろう？　その答えは、1～5回。地域によって異なる。通常、パリでは2回。パリ以外の地域のことは、フランス語のウェブサイトで地域別のビズの回数を示した地図を公開しているものがいくつかあるので、それらを参考にしてもらいたい。

フランス人は1日に何度もキスをする

ただの友人や知人（知りあったばかりの人も含めて）同士でさえ、これほどビズをする国のこと。これが夫婦であれば、どれだけたくさんキスをするか、もうおわかりでしょう。

フランス人の夫婦は、1日に何度も（頬も唇も合わせて）キスをする。朝目覚めたときからはじまって、どちらかが出かけるときも、帰宅したときも、寝る前もする。それから週末のように、丸1日2人で過ごすようなことがあれば、あらゆる場面でキスをすることになる。日本人のわたしの夫は、わたしがしょっちゅう優しく（愛情をこめて）キスをするので、おどろいている（そしてたぶん喜んでいる）。しかしこれも、わたしにとってはごく自然な行為。もしも万が一、唇のキスを1回でもしない日があったとすれば、それは悪い兆候と思ってもらっていい。

もう1つ、結婚して以来（というよりその前から）、毎晩夕飯の席で続けている習慣がある。

「わたしたちの愛に。わたしたちの赤ちゃんに」

とグラスを重ねて言い合うのだ。こうしてわたしたちは、毎日欠かさずお互いの愛を確認し合い、息子の健康を祈っている。ちなみにフランス人は、しょっちゅうビズをするだけでは飽き足らず、友人や家族へのメールや手紙を、たいていはこう締めくくる。

「ビーズ *Bises*」「ビズ *Bisous*」「あなたにキスを *Je t'embrasse*」。

4

フランスと日本 こんなに違う 子育て事情

パリは赤ちゃん連れに優しくなかった！

フランスには子だくさん家族が多い。フランス人女性が産む子どもの数は、1人あたり平均2人以上。ところが、日本よりも子育てしやすい環境が整っているのかというと、まったく話は別なのだ。実際のところ、むしろ逆かもしれない。パリにくらべると、東京のほうがよっぽど新米ママやパパにやさしい街だと思う。先日、わたしたちは身をもってそれを体験した。

子連れ海外は日本の航空会社がおすすめ

2013年の春、生後9ヵ月の子どもを連れて、わたしたちはパリで2週間を過ごした。旅行が決まるとすぐに、友人たちから「日本の航空会社にしたほうがいい」とすすめられた。

とくにANAはサービスが充実しているというアドバイスに素直に従ったところ、ほんとうにその通りだった。搭乗前、空港にいるときからサービスを受けられる。子連れの乗客専用のカウンターがあり、そのままそこで荷物を預けることができ、さらに搭乗までのあいだはベビーカーを貸してくれ、到着したら飛行機の出口に直接持ってきてくれるという。究極的に便利だ！　そのあとわたしたちは優先的に（つまり他の乗客よりも先に）搭乗。機内でも2名分の料金で3つめのシートを使わせてもらい、ベビーベッドまで借りることができた。

じつはわたしたちは前日まで、飛行機のことでナーバスになっていた。子どもが風邪をひいてしまったのだ。大人でさえ鼻がつまった状態で飛行機に乗るのは大変なことだ。

実際は無事に過ごせてほっとした。機内ではキャビンアテンダントの女性たちがよく遊んでくれたので、彼は終始ご機嫌だった。彼女たちはうちの子を見てかわいいかわいいと言い、なかには「家に連れて帰っちゃいたいくらい」と言いだす人までいたくらいだった。用意してもらった赤ちゃん用の機内食もよく食べ、よく眠ってくれた。すっかり安心して過ごせたので、それまで抱いていた強い不安は、こうして払拭されることになったのだった。

いいアパルトマンには原則エレベーターがない！

そしてパリに到着。空港からタクシーに乗って、あらかじめ予約をしてあった短期貸しのアパルトマン（ミクシーで見つけた部屋！）に向かった。場所はバスチーユの近く、パリの中心部だ。わたしはパリに長く暮らしていたので、街の地図はほとんど頭に入っている。

実際、東京の広さとくらべると、パリのほうが街としては小さい。ちなみにシャルルドゴール空港からパリの中心部までタクシーだと約45ユーロで行ける（2015年6月現在約6000円）。

わたしたちが借りた部屋は閑静な通り沿いのアパルトマンの2階（フランスでいうところの1階）にあった。エレベーターのない建物だったので2階建てでほんとうによかった。

パリでは、エレベーターのない建物もめずらしくない。むしろ古い建物なら、ないのがふつうだ。建物が建てられた当時にエレベーターなどというものは存在しなかったためで、今さら設置しようにも、スペースがなくて不可能、というのがその理由。

1人でベビーカーを押して、買い物を終えて帰って来たときなど、はっきりいって不便でしょうがない。

この場合、子どもだけ2階の部屋に置いてから、もう一度荷物を取りに下に降りることを余儀なくされる。そのあいだ、子どもは部屋に1人になってしまう。だれかに侵入される危険性を承知で玄関の扉を開けたままにしておくか、もしくは扉を（バタン！と）閉めてしまうか、そのどちらかしかない。閉める場合には鍵を持ったままでないと、たいていはオートロックなので自分が締め出されてしまうので要注意だ。

それから何でもすぐに盗まれるパリのこと。子どもを部屋に連れて階段を昇るあいだは、

「かっぱらわれやしないかしら？」とひやひやしながら、買い物の荷物とベビーカーを下に置きっぱなしにしなければならない。今回の滞在では、幸い赤ちゃんと2人きりでアパルトマンに帰るたび、何事もなくすんだ。

しかしアパルトマンの部屋自体は、いろいろと揃っていて使いやすかった。なにしろオーナーの中国人女性は神戸生まれ。完璧な日本語を話す、とても親切な人で、わたしたちのためにベビーベッドまで自由に使わせてくれた。

カフェも地下鉄も赤ちゃんがおきらい？

その一方、パリという街は、まったく小さい子どものことを考えていない……。ベビーカーを押して歩く場合はとくにそう感じる。

まず歩道。たいていの歩道が狭くて汚いだけでなく、ガタガタしている。赤ちゃんにはガタゴトとした揺れをなんとか楽しんでもらうしかない。そうでもしなければ、道中ずっと泣き叫ばれ、道行く人々から白い目で見られるはめになる。

カフェ。ベビーカーで入るのはあまり歓迎されない。ランチタイムならなおさらだ。

「ああ、マダム、すみませんね。ベビーカーでの入店はお断りでね！」とくる。

パリにいるあいだは、わたしたちもよくカフェを利用した。地元のパリジャンやほかの観光客がするように、休憩をしたり食事をしたり、喉の渇きを癒したりした。

ベビーカーというのはきっと口実。本音は、「赤ん坊の泣き声で他の客が帰ってしまってはかなわない！」と思っているに違いない。

ベビーカーを見たときの店員の態度は店によってさまざまだ。無言のまま、不満げな視線をこちらに送ってくるだけですむ場合もあれば、「ベビーカーはこちら（入口）に置いていただけますか？」とやんわり言われることもある。また「あーダメダメ、悪いけどベビーカーはお断り！」と、かなり不愉快な態度をとられることとさえある。

だからたいていは、交渉のテクニックが必要になるのだ。（たとえ嘘でも）「ご迷惑をおかけします」と店員への理解を示しつつ、自分たちの権利も同時に主張するのがポイントだ（あくまでもわたしたちは客である、お金は払っている、「赤ちゃんは入店禁止」の貼り紙などなかった、など）。その結果、さらにもう少し「機転」が効けば、冷水をポットでもらい、哺乳瓶を冷まして置いておくのに使ったりもできる。状況しだいで、いろんなちょっとしたサービスを頼むことができるというわけだ。

そして交通機関。こと交通機関にいたっては、もはや論外だ。地下鉄は考えてみるまでもない。今回の旅行で子どもを連れて地下鉄

に乗ったのはたったの1回だった。もともとわたしは、たとえ子どもを連れていないときでも、汚いのと臭いが気になって（これはほんとう。パリの地下鉄は汚くて臭い！）あまり乗る気がしない。それがベビーカーに子どもを乗せてとなれば、文字通り戦闘に挑むようなもの。地下鉄に乗るくらいなら、バスかタクシーですませたい。あるいは、広めの歩道がある場所さえ知っていれば、徒歩での移動がいちばん快適だ。

フランスにも「ベビーカー論争」が！

ベビーカーを押しているとき、バスでの移動はまあまあ可能だけれど、ラッシュ時はむずかしい。しかもパリ市内を走るバスを運営しているＲＡＴＰという会社（この名前をよく覚えておいて！）は、子連れの乗客も歓迎していると思わせておきながら、実際にはまったく逆のことを思っているようす。その証拠が、ＲＡＴＰの制作したポスターだ。そこには、うわべだけの言葉遊びを使ったスローガンが書かれている。

「赤ちゃんはかわいい。でも、ベビーカーまではかわいく思えない *On a beau adorer les bébés, avec les poussettes, il ne faut pas pousser*」

育児中の夫婦だって、当然、子どもと一緒に散歩をする権利がある。それなのにこのスローガンは、寛容さに欠けている。これはパリ中の父親・母親たちから反感を買い、結果として、子育てをテーマに扱う各誌でも、大きな論争を巻き起こすことになった。フランスで有名な雑誌の1つ『*Parents*（両親）』の記事は、こう書いている。

「赤ちゃんはかわいい。でも、ベビーカーまではかわいく思えない」。これはバス会社RATPの新キャンペーンが掲げるメッセージだ。現状では、もしバスのなかにベビーカーが2台乗っていた場合、新たに乗車する子連れの乗客は自分のベビーカーをたたまなくてはいけないという。RATPのキャンペーンは、やや行き過ぎではないだろうか。

「赤ちゃんをベビーカーから抱き上げ、片手に荷物、片手に赤ちゃんを抱えた状態でバスに乗り、席を探そうにも、バスはこの時点で出発してしまっているのではないでしょうか。非現実的です。第一、危険だわ」

あるエコロジー系の政党のスポークスマン、アリス・ル・ロイはこう皮肉を口にしている。また、イル・ド・フランスの交通機関組合の副会長を務めるジャン・ヴァンサン・プラセは「利用者の料金はこのようなスローガンの制作にあてられるべきではない」と発言。

さらにRATPの最高経営責任者にキャンペーンの取り下げを要請している。それに対し、RATPバス部門の広報担当ブリジット・イチュラルドは「こうした批判には、おどろいています」と回答。あくまでも、『ユーモラスでひねりを効かせた』このスローガンの意図は、乗客同士の協力を促すためだったとしている。もちろん謝罪などしない。

はたして、この記事に対する読者の反応は？　次のコメントから、論争の激しさ、炎上ぶりが伝わってくる。

「わたしは女の子を2人育てています。今まで、わざとこちらを困らせているんじゃないかと思えるようなバスの運転手に何度も遭遇し、口論もしてきました。前方ドアからバスに乗る大変さ、車内のベビーカーが2台になったとたんに流れる車内放送。こういったことは、わたしたち育児中の母親にとって不愉快でしかありません。わたしたちだって他の人たちと同様に移動せざるを得ないんです。しかもICカードのナヴィゴ（「*Navigo*」Suica のようなチャージ式のICカード）の利用料金は、月に60ユーロ（約8000円）ですって!?　こんなにとっておいてこのサービス？　したがって、RATPのスローガンはわたしたちに追い打ちをかける新たな〈攻撃〉だとしか思えません!!」

「若い母親たちは態度が悪く、近頃ますますサイズが大きくなるベビーカーに固執して、攻撃的な態度をとってくるので頭にきます。RATPのほうが1000倍も正しい。ああいうスローガンを出す必要があったのは、多くのバス利用者が、彼女たちのマナー違反としか言いようのない態度に苦しんでいるからではないでしょうか」

最後に、こちらもこの件について怒れるパリジェンヌのブログより、笑いを誘う記事をご紹介したい（イザベルのブログ『わたしはカンペキじゃないパリのワーキングマザー・それでいいじゃない！』より）。

「さてさて〈ノン・パリジャン〉のみなさん、というより、パリ以外の地域にお住まいのみなさん、ご存知ですか？　子連れの人間がパリで交通機関を利用すると、どんな目に遭うのか。正確にいえば、赤ちゃん連れの場合ですね。みなさんはもちろん、すでにいろんなつらい仕事を抱えていることと思います。でもね、パリでは、ベビーカーでメトロに乗ることほど、つらい仕事はないんです！

まず改札。ベビーカーは大きすぎて通れないので、毎回ＲＡＴＰの職員に頼まないといけません。たいていの場合、彼らは不機嫌な感じで通してくれますけど。

次にホームに辿り着くまでには避けられない通路。ここでは手を貸してくれる親切な人に出会うチャンスに賭けるか（大丈夫、マダム。パリにも存在しています！）、さもなければ、ベビーカーを腕に抱えて、横幅いっぱいに場所をとりながら、階段を降りて昇って、また降りて、長い通路を通り抜けるしかありません。息切れするわ、くたびれるわ、汗びっしょりだわ、もう。しかしようやくホームに到着！　ああ、なんて幸せなのかしら。運がよければ、通路を通るあいだ、上の子は1人で歩かせることができるかもしれない。階段も1人で降りてくれるでしょう。それはそれはゆっくりと。でも確実に！　そしてメトロがくる。それなのにメトロがやってくる20キロも手前から、乗客たちの怪訝な表情や心の声が浮かんでげんなりしてしまうんです。

1、場所をとって邪魔になるかも。

2、子どもたちが地獄の沙汰のようにうるさく騒ぐかも。

3、席を譲ってくれた人が運悪く赤ちゃんのウンチの匂いを嗅ぐことになっちゃうかも。

なんて。

その時点で気が滅入り、結局『子連れでメトロなんて、無理だわ!!』と思うのです（実際に同じセリフを聞いたことがあります。さらに、『子連れでパリのマルシェ（市場）なんて……』という別バージョンもあります）。だから、頭がおかしいか強制されでもしないかぎり、もしくは頭がおかしくて強制されたのでもないかぎり、子連れでメトロに乗るのは無理。ですから、子ども2人にベビーカーというときには、もっと確実で利用しやすい交通手段を選ぶことになります。

その交通機関の名は、その名も『バス』！　そう、その通り！　そうね、でも昨日、そのバスが貼り出した、こんなポスターに気がついてしまったの。

『バス混雑時にベビーカーをたたむのは、マナーの1つです』

これを目にした瞬間（自分のブログ用にいい感じに写真に収めたあとで）思ったわ。

『こんなバカげたポスターをつくったのはどこのどいつよ？　いったいどんな独身男かしら？　それともオールドミス？』って。

二児の子育てをしながら定期的にバスを利用している立場から、このポスターを制作したやつらに言わせてもらいたいのは、具体的に言うとこういうことかしら。

『ほらほら、そこの君、見ててあげるからそのベビーカーたたんでごらん（そもそもたためるタイプならね！）。今君は、両腕に10キロの赤ちゃんを抱え、片方の手で上の息子の手をとり、転ばないように支えている。しかも20人の乗客（噂の〈混雑〉ってやつ）から痛くなるほどの視線を浴びて、乱暴なバスの運転に耐えているのよ。ほうら早く！　やってみな！』

まったく冗談じゃない。交通機関はみんなのための乗り物のはずなのに、妊婦だからって乗車拒否したり、チビを連れてバスに乗るという苦行を強いられて、こっちだって好き好んでやっているわけじゃないっていうのに降車口から乗車させてくれるように運転手に大声で叫んだら「しーっ！　お静かに！」ってたしなめてくるなんて、そのほうがよっぽどマナーを疑っちゃう。

運転手がドアを閉めて出発してしまう前に乗らなきゃいけないから、あわてて叫んでいるっていうのに。それでようやく気づいてもらったら、今度は歩道から2メートルも先に停まったバスの、まるで人が滝のように降りてくる降車口から乗車しなきゃいけないのよ。

これでもうおわかりかしら。もしバスのなかでちょっとイライラした金髪のママに出会ったら、それはわたしかもしれないってことが。そのときはどうぞ遠慮なく、ポスターの言う〈混雑時〉にわたしがベビーカーをたためるよう、駆けつけてくださいね。RATPの言う〈マナー〉のセンスなんて、わたしはこれっぽっちも、もち合わせていないものですから。手伝ってくだされば、喜んでサインを差し上げます」

最後に。それでもパリでは、たいていの場合、ベビーカーをもって階段の昇り降りをするときに手伝ってくれる人があらわれる。ただ街そのものは、子連れの人々を意識したインフラをもっと整える必要があるということ……。

パリはおむつ替えができない街!?

パリを歩くのは、ほんとうに気持ちがいい。バスチーユ、セーヌ川沿い、ノートルダム近辺。ルーヴル美術館に、エッフェル塔、サクレ・クール寺院、それからサンジェルマン通り。景色を楽しみながら、何キロでも歩けてしまいそう……。でももし、突然おしっこがしたくなったら？　という場合をのぞいて。さらに赤ちゃんのおむつを替えなければならなくなったらとしたら、もう散歩どころではない。

深刻すぎる、おむつ問題

これは、ほんとうに、ほんとうに切実な問題だ。パリでは、どこを見渡しても、この「生理現象」を処理するための場所が、ほぼ見あたらない。少なくともそんな表示はどこにもないのだ。

大人がトイレに行きたいときには、歩道に設置された公衆トイレを使用すればいい（あまり数はなく、そのうえ前の人が利用したあとは、決まって「自動洗浄」とやらが始まって2、

3分待たされることになるけれど)。それに、どうしてもというときには、客のフリをしてカフェに潜り込んで用を足してくればいい(その場合は、自信満々な態度をとることが肝心。そしていかにもこなれた感じを装うこと。毎回うまくいくとはかぎらないけれど!)。ところが、赤ちゃんのおむつを替えようと思ったとたん、どうしようもないことに気がつく。地獄だ。

じゃあいったいどこで?

おむつ替えだけは、まるで解決策が見当たらない。前述のようにカフェのトイレを利用すればいいと思うかもしれないけれど、カフェのトイレはおむつ替えに向いていない。第一に狭すぎる。そして、だいたいが清潔ではない。そのうえ、赤ちゃんはおろか、そもそも子どもを想定したつくりになっていないので、まったく当てにならない。

では、どうすれば?

こういうときは、いわゆる「システムD(*débrouille*=自分でなんとかする)」に頼るしかない(システムDとは、フランスでよく使われる表現。「即興でその場をしのぐ」あるいは「奥の手を使う」こと)。

システムDとは、特定の方法のことを指すとは限らない。毎回、まわりをよく見て観察することが大切。それと同時に周囲の目にも気を配りながら、その場に応じて考える。

そんなわけでわたしたちは、サンジェルマン・デ・プレのハイソなカフェに入ったときなど、自分たちが食事をしていた座席の上でおむつを替えてしまった（そうよ、ときには恥を忍んで、そうせざるを得ない）。

そういうときはつい、東京の地下鉄やデパートやショッピングセンターにあるトイレを思い浮かべてしまう。こういう場所のトイレは文句なく清潔で、たいていは、おむつ交換用の台が備え付けられている。

今回のパリ滞在は一時的なものだったので、おむつに関する受難の日々も2週間ですんだ。しかし、パリに住むママたちは、いったいどうやって外出中に子どものおむつを替えているのだろう？　複数の友人知人に訊いてみた結果、返ってきた答えはなんと、

「車で出かけてその中で替えるのよ！」というものだった。

なんですって。おむつを替えるためだけに車が必要だというのなら、パリにこれだけの渋滞があるのもうなずけるってものだわ！

パリの公共の場所には、歩道や公園などに、よく「ベンチ」が設置してある。しかしあれを使うとしたら、あたたかい季節、それも雨の降っていない日でなければ使えないのではないだろうか。気温マイナス4度のなか、ベンチで赤ちゃんのおむつを替えたりしたら、おしりがシャーベットになってしまいそう！

パリでたった5つのおむつ交換所

インターネットで検索をすると、やはりパリ在住のママの多くが、「おむつはどこで替えればいいの?」と疑問に思っていることがわかる。ところが、いい答えはあまり見つからない。カミーユという名の親切な女性が、パリ市内でおむつを替えられる場所を公開していたものの残念ながら、2013年4月の時点で紹介されていたのは、たったの5カ所だった(わたしは1つも見つけられなかったけれど!)。

読者のみなさんがパリに行ったときのために、ここでその5つを紹介したい(p270参照)。

「マレ地区(3区)を散歩中なら、スウェーデン文化センター(*Institut Suédois*)がおすすめ。美しく個性的な佇まいの建物で、この文化センターのなかに、おむつを替えられる感じのいいカフェがあります。

それともシャンゼリゼ通りがいいかしら? シャンゼリゼ通りなら、通りを南方面に下って行ったところにある公衆トイレ、ポワンWC(*Point WC*)を利用してみては。ここは通常よりも豪華なつくりの公衆トイレで、なかにはおむつを替えられる台の付いた親子用の個室があります。

ちょっと雰囲気を変えて、ヴィルマン公園やカナル・サン・マルタン（10区）に行った帰りには、プル・ムイエット（*Poule Mouillette*）というお店のドアを叩いてみて。カフェと雑貨店が併設されているこのお店は、１００パーセントファミリーフレンドリーで安心。子ども向けのワークショップなども行っているそう。

18区には、同じくファミリー向けの設備が整った、アル・サン・ピエール（*Halle St Pierre*）という美術館があります。サクレ・クール寺院から徒歩圏内と、理想的な立地です。

そして最後に紹介するのは、「布おむつ専門店」のアピ・ナピ（*ApiNapi*）。12区にあります。ありとあらゆる種類の「布おむつ」が揃っているほか、赤ちゃん向けの便利グッズが豊富な店です」


女性1人あたりの出生率が平均2人以上と、高い数字を誇るフランス。そのうえパリには、日々世界中から多くの人がやってくる。そのなかには、赤ちゃん連れの家族もきっとたくさんいるはずだ。それなのに、あまりにも赤ちゃんや幼児向けの設備が街中にないことに、わたしは目を疑ってしまった（事実を受け入れがたいほど）。これは、スペースなどの問題ではなく、サービス精神が欠けているせいではないだろうか。

ちなみに、大人用のトイレについても同様で、うちの夫をはじめ、多くの日本人がパリを訪れては、トイレの少なさに驚いている様子。夫は家族でパリに行くたびに（年に1度）、少なくとも10回はわたしに同じ質問をする。

「ねえ、パリジャンはどこでおしっこするの？」

「知らないわよ！」

パリで買うベビー用品

前述の通り、パリで散歩中におむつを替えようとするのは、ほとんど〈ミッション・インポッシブル〉。自力でなんとかするしかない。

それなのに、誰も怒っていないのはなぜだろう。役所の前で、「おむつ交換台を各所に設置しろ！」とデモを行う人々の姿も見当たらない。不思議なことだ。

デモ、つまり街を練り歩いて何かを要求したり、経営者、政府、その他あらゆる権威に向かって罵倒を浴びせることに関していえば、フランス人の右に出る者はいないのに。

なにしろ、日本なら1万人もの人が集結すれば、十分「大きなデモ」として取り上げられると思うが、フランスのデモは50万人を超えないと、社会問題としては扱われない（そしてそれくらいの規模のデモが起きるのもめずらしいことではない）。ところが、こと赤ちゃんのおしりの話になると、誰も声を上げない様子だ。

とりあえず、これ以上は追及しないでおこうと思う。わたしが暮らしているのは、パリではなく東京。東京なら、どこでもおむつが替えられる。地下鉄の駅にすら、おむつ交換台が設置されている。おかげでうちの赤ちゃんのおしりは、たとえ長時間外出に付き合わせても、きれいなままなのだから。

おむつがあまり売ってない東京

とはいえ東京と違い、パリでおむつを買うのはとても簡単だった。

要するにパリでは、あちこちでおむつを売っているくせに、おむつを替えるための場所がないということだ。

そして東京は、その逆。お年寄りの尿漏れ用のおむつより、1人でトイレに行けない赤ちゃんのためのおむつを見つけるほうがむずかしい。高齢社会のせいだろう。日本は65歳以上の人口より赤ちゃんの人口のほうが少ない。フランスはまさにその逆なので、それを知っているメーカーや店が、おむつを買いやすい状況をつくっている。

東京では、まずコンビニではおむつは買えないので（売り場が足りないのだろう。2、3枚入りのミニパックは見つけましたが）、ドラッグストアに買いに行くことになる。それでもすぐには見つからず、ときには2、3軒まわらなければならないこともある。ところがパリでは、街中のちょっとした食料品店にすら、おむつが置いてある。俗に「角のアラブ人の店」と呼ばれるような店にもある。どうしてそんな呼び方をするのかというと、たいがいこうした食料品店は、アラブ諸国やアフリカ北部から来た移民の人々が営んでいるため。彼らがいるおかげで、ほんとうに助かる。

なぜなら、他の店は日が暮れるとさっさと閉店してしまうのだ。日曜はそもそも朝から開いていない。そんなとき、どうしても必要な買い物があっても、パリにはコンビニがないのだから、どうしようもない。コンビニが1軒もないなんて！

それでも、商店が開いている時間帯なら、おむつはどこでも買うことができる。それから、持ち運びが簡単そうな、小さなパッケージのおむつも売っていた。これはむしろ、わたしたちよりも、お店にとって便利なサイズという気もするけれど。

ただ、フランスで売られているおむつのどれを見ても付いていないものがあった。日本のおむつには必ず付いている、赤ちゃんがおしっこをすると黄色から青に変わる、あの線だ！　これは、他国のおむつにも、付いていないかもしれない。日本人が発明した技術なのだろうか。そのうち他にも日本ならではの新機能がついてくるかもしれないが、それよりもコンビニで販売してほしいものだ。

いたるところでベビーフードが買えるパリ

パリではおむつがどこでも手に入る。ということは、もちろん、おむつ以外のベビー用品も簡単に見つかるということ。

ベビーフードも手軽に買える。小瓶に入ったタイプから、パックに入ったレトルトタイプのものまであり、種類も豊富だ。たとえば、そのまま哺乳瓶に入れるだけのフレーバーミルクや、ムース風のデザートや、コンポートなどもある。それから、いろんな野菜とお肉、または魚を組み合わせたピューレも。

ただ、味のレパートリーは日本のベビーフードとはかなり異なる。フランスでは、うどんのベビーフードなんて当然ながら見つからない（うどんはフランス料理ではないから！）。

その代わり、フランスで定番の、挽き肉とジャガイモのピューレを組み合わせたもの（ジャガイモと牛挽き肉を使ったグラタン風の家庭料理で「アッシェ・パルマンティエ」と呼ばれる）なら、何種類も売っている。

離乳食期から食べ過ぎのフランス人

もう1つ、フランスと日本で大きく異なるのは、分量だ。最初にフランスのベビーフードの量を見たときには、目を疑ってしまった。野菜とお肉のベビーフードを例とすると、生後6ヵ月の赤ちゃん用の瓶には、日本で生後9ヵ月の赤ちゃん用に売られているベビーフードの2倍もの量が入っているといった具合。どおりでパリのレストランでは料理が大量に出てくるわけだ。いつも日本のレストランの2倍から3倍は出てくる。

この差を生んでいるのは、きっと商売上の問題ではなく、胃袋の大きさのせいだろう。フランス人の胃は、大量の食べ物を吸収できるように、こうして小さなころから鍛えられる。はっきりいって食べ過ぎだ。そんな赤ちゃんが60歳になったころを想像してもらいたい。乳児のころから、えんえん60歳になるまで何も考えず大量に食べ続けるなんて、心配になってくる。わたしにいわせれば、日本人が赤ちゃんに与える食事の量はけっして少なくない。フランス人のほうが食べ過ぎている。

そのほか、フランスの薬局では、赤ちゃんのためのケア用品（ボディミルク、ローション、クリーム、石鹸）、哺乳瓶、その他のベビー用品（おしゃぶり、爪切り、鼻水吸引器）など、ありとあらゆるベビー用品を売っていた。ただ、日本で売っているような、どこにでも簡単に持ち歩ける個包装タイプの粉ミルクは売っていなかった。

賞味期限に気をつけて！

ところで、いくら品揃えがよくても、絶対に気をつけなくてはならないことが1つある。間違って子どもに毒を与えないこと！　じつは、わたし自身があやうくそうしてしまいそうになったことがあった。

それは、2週間滞在したアパルトマンの近所にあったスーパーマーケット、カルフールでのこと。とてもおいしそうなレトルトのベビーフードを買ってきた。その晩、アパルトマンのキッチンには必要な道具が揃っていなかったので、料理はあきらめ、買ってきたばかりのベビーフードを食べさせることにした。フタを開け、説明に従ってパックをあたためようとした。

そのとき、「何かおかしい」と感じた。ピューレの表面が少し乾いて見えたのだ。そこで念のため、パッケージの説明を見返した。日本と同じように、ときどきフランスのベビーフードにも、沈殿物や色の変化についての説明が書いてあるので、それを読んで品質に問題はないことを確認しようと思ったのだ。

ところが、どこにも説明がない。それもそのはず。肝心の説明は別のところにあった。賞味期限（よくあるように「消費期限」ではなく「賞味期限」だった）を見ると、3ヵ月も過ぎている！　消化器官が発達しきっている大人であれば問題ないかもしれない。でもミルク以外のものをやっと食べはじめたばかりの赤ちゃんにとっては、とても危険なことだ。

この超大手スーパーに対して、クレームを言うこともできた。従業員の教育が行き届いていないうえに、商品管理も徹底できていないためにこんなミスを招いてしまったのだから。残念ながら、返品に行く時間はなかった。もしレシートを持っていけば、代わりの商品（今度は食べられるもの）をくれたはず。ただ、そこまでにいたるには、間違いなく店員との激しい口論は避けられなかったと思う。ましてや謝罪なんて、期待するだけ無駄。

まさしく夫が言いそうなことだが、「パリではそうと決まっている」のだ。わたしの実家がある地方のように、田舎であれば、きっと謝ってくれると思うけれど……。

フランス版ベビーフード反対派

田舎といえば、父が住む実家に何日か滞在したあいだは、なかなか子どもの食事を作れなかった。

しかしちょうどそのとき、ベビーフード反対派のわたしのいとこが、うちの七央より6ヵ月年上の女の子を連れてきていた。ベビーフード反対派は、日本だけではなく、フランスにもいる。彼女たちに言わせれば、ベビーフードには身体に悪い成分が含まれているそうだ。かくいうわたしは、たしかにベビーフードに使われている材料が世界一の食材だとは思わないけれど、少なくともベビーフードの開発に日夜励んでいる人たちは、赤ちゃんの成長に合わせて、その時期ごとに食べさせていいものと悪いものをよく知っているのではないかと思う。

何も知らないわたしにとって、これは頼りになる。さらに、瓶にはたいてい、アレルギーの可能性と、アレルギーを引き起こす可能性のある材料が含まれているかどうかも書かれている。これもまた、安心できるポイントなのだが……。

それにしても、子育ての様々な局面で、フランスと日本の考え方の違いを目の当たりにして、日常的に苦労することがまだまだある。これについては、まだまだ紹介したい。

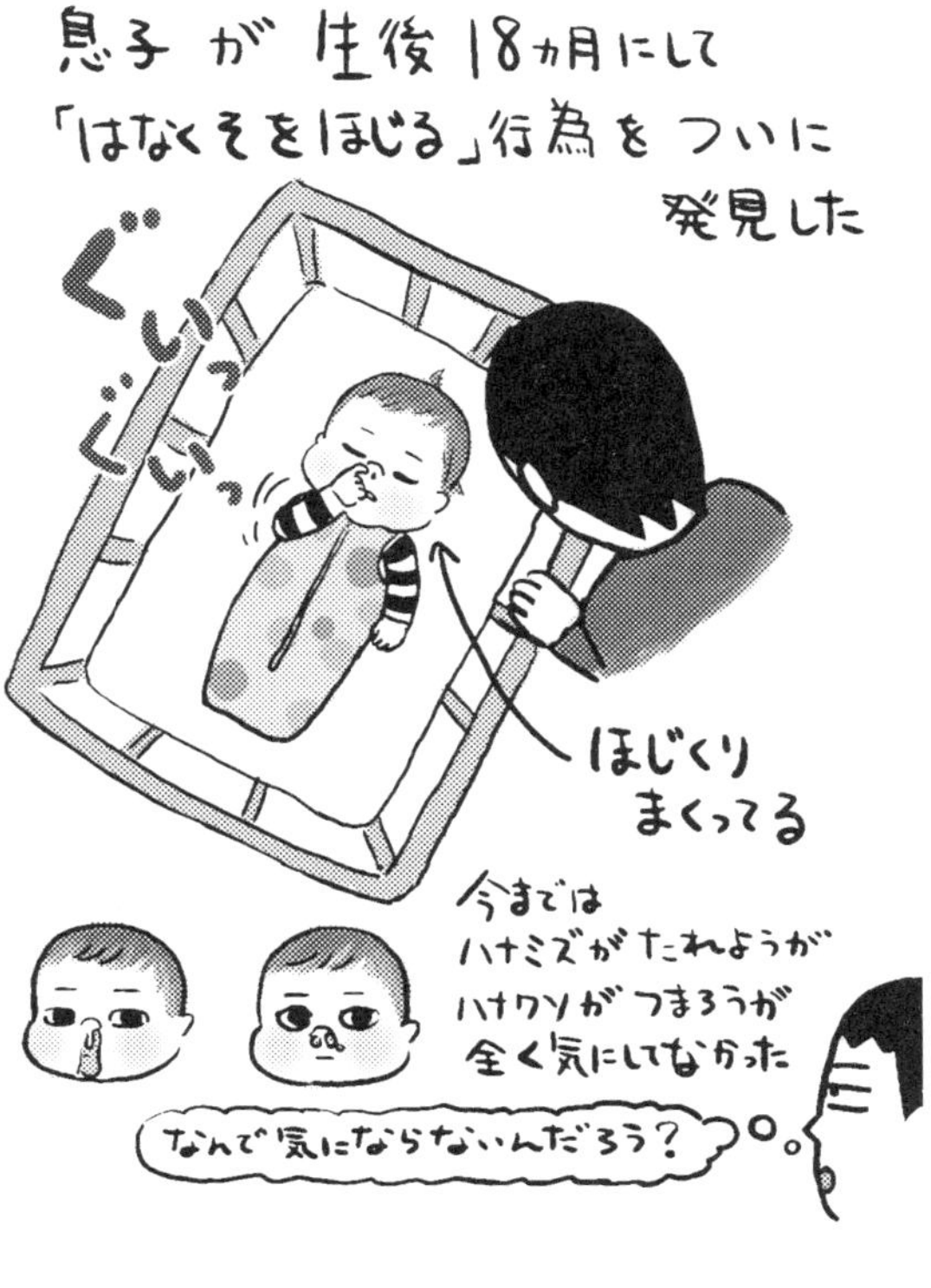

なぜこんなに違う？　日本とフランスの出生率

ここ数年間、日本政府は国民の出生率（合計特殊出生率）の低さにずっと頭を悩ませ、逆に高い出生率を誇るフランスを見てうらやんでいる。２０１４年の日本の出生率は１人あたり１・42人と頭打ち。これでは人口を一定に保つことはできないうえ、急速に高齢化が進むのも無理はない。

日本の出生率は05年に過去最低（1人あたり１・26人）を記録した後、08年と09年には１・37人、13年は１・43人と少し上昇した。けれど２０１４年になると１・42人にダウン。なかでも出生率が一番低い地域は東京で、１・15人。それに対して一番高いのは沖縄で１・86人だ。

また、47〜49年と71年〜74年の間に訪れたベビーブーム当時の出生率は、それぞれ４人以上、２人以上を記録しているが、それ以降は一気に下降している。

２０１４年には約１００万人強の日本人の赤ちゃんが生まれた。しかし前年より２万６３００人も少ないらしく、これでは出生数の割合（人口に対するその年の出生数の割合）が前年度の8・2パーセントから8・0パーセントに下がったことになってしまう。

さらに同じ調査を見れば、出産年齢の上昇もわかる。日本人女性の晩婚化が進んで初産の年齢も上がっているので、全体的に産むことのできる子どもの数も限られてくるというのだ。このデータによると初産の平均年齢は30歳以上。わたしの場合は41歳で妊娠し、問題なく10ヵ月を過ごしたあと42歳で安産を迎えたわけだけれど、残念ながらどんな女性でもこうした幸運に恵まれるとはかぎらない。

家庭を持ちたいと考える若い世代にとっては、景気の悪さが招く収入や仕事への不安が足かせとなっているようだ。09年に政権をとった民主党は政策の中心に高齢化社会への対策を掲げて少子化を防ごうとしていたけれど、結局は構造的な問題や施策の不足で前任の自民党以上の何かをすることはできなかったようだ。

フランス、過去最高のベビーブーム

一方、2011年にフランス政府は、公式ウェブサイトで「出生率界のチャンピオン」になったことを高らかに発表し喜んでいる。

記事は次のとおり。

「フランスは経済危機にもかかわらず、過去35年で最高のベビーブームを迎えています。景気後退も失業リスクもなんのその！　将来への不安やヨーロッパ経済の停滞にもかかわらず、フランス人は子どもを持つ喜びを満喫しています。悲観的な国民と言われながらも、フランス人は子どもを産み続けています」

83万人の新生児が２００９年にフランスで産声を上げている。同時期の日本の出生数も同じような数だが、フランスの人口は日本の約2分の1。１９７０年代のベビーブーム以来、最高の記録だ。

「ヨーロッパでは、フランスは例外と見なされています。隣国では危機的な出生率低下を経験している一方、フランスはアイルランドと並んでヨーロッパでもっとも出生率の高い国となりました。ヨーロッパの平均値が１・５人で停滞しているのに対し、フランスの合計特殊出生率（女性1人あたり）は2・01人です。世界水準（2・7人）には遠く及ばないものの、ヨーロッパ諸国やアジアの数ヵ国とくらべると、フランスは突出しています。フランスの人口は徐々に確実に増加して6千５００万人に達し、30年前にくらべて1千万人増えました」

フランスが例外である理由は何だろうか。国立統計経済研究所（ＩＮＳＥＥ）で人口統計学主任を務めるパスカル・ブルイユ氏は、フランスでは「子どもの養育費の多くを国が負担している」点を強調している。託児所をはじめ、3歳児から無料で利用できる幼稚園、家族手当などの存在が、家族にとって実質的な支援となっている。乳児保育施設がまだ不十分とはいえ、家族政策は家庭に余裕をもたらしているのだ。

「経済危機は？　人口統計学者は危機が家庭動向を変化させるのではないかと危惧していました。1930年代の大不況や1973年の石油ショックなどの過去の例から、不景気が出産数を低下させることを確認していたからです。1993年の経済危機時も、出生率は戦後最低水準に落ち込みました。今回はまったく影響がありません。『それはフランスでは、出産が景気だけに左右されないことを示している』点をINSEEのパスカル・ブルイユ氏は強調します。

多くの国がフランス人女性の仕事と出産を両立させる能力をうらやんでいます。女性1人あたりの子ども数が2010年に2人を超えましたが、これは30代以上の就労女性によるところが大きいのです。これを雄弁に物語る事実があります。女性就業率が高い国（フランスの女性労働力率は80パーセント超）がもっとも高い出生率を得ているのです」

またフランス政府は、反対に人口が減少するドイツについて、日本に似た状況を紹介している。

「ドイツでは、仕事と家庭の両立は女性にとって難しいうえに心証がよくありません。ドイツ政府は近年、託児所の定員を増やしたり、第1子から支給される革新的な親手当を導入するなどの努力を重ねましたが、まだ成果が上がっていません。アジアの多くの国では、著しく伝統的な家族モデルにやる気を失う女性も大勢います。一部の女性にとって、妊娠は仕事を断念することを意味しています。つまり仕事を続けたい場合には、それだけの理由で子どもをあきらめなくてはいけないということです。フランスでは母親であることに高い価値を置く社会の目が出産を後押ししています。2人の子どもを中心とした理想の家族像がフランスでは戦後以降、長く存続しています。その上、16歳から29歳までの若者の大部分（83パーセント）が家庭を築くことを最重視しています（フランスのシンクタンク、政治革新財団によるアンケート調査）。フランス人は悲観的だと言われますが、これは将来への信頼感の兆しです」

出典『アクチュアリテ・フランセーズ　8号』　2011年3月　*Virginie Langerock*

計画的すぎる日本人の結婚観

ここまで読んだ日本人女性のみなさん、子育てをするならフランスのほうが断然よさそうだと思ったことでしょう。ある視点から見れば、たしかにそう。でも日本でだって、政策を変え、妊娠中や育児中の女性に対する社会の姿勢を改善していくことさえできれば、フランスと同じような理想を叶えることもできるはず。

フランス人として日本に暮らしていてわたしがよく思うのは、日本人は家庭を持つことについて、気持ちより頭で考えがちだということ。〝マテリアリスト〟だと思う。つまり恋愛感情よりも〝モノ〟、つまり経済状況やお金が先にきてしまうのだ。子どもをつくる前から、その先20年間にわたってかかる養育費に気を揉みすぎているように見える。

金銭的な負担を考えすぎて、多くの人が子づくりをあきらめているのではないか。もしくは年齢的に産むのが難しかったり不可能になったりする頃まで決断を先に延ばし、実際に踏み切れずに終わってしまう。つまり本心とは裏腹に、随分先のことまで想像して不安をふくらませ、みすみす子どもを持つよろこびを逃してしまっているのだ。

しかし、フランスはもちろん、世界中どこの国を探したって、子どもの養育費を20年間絶対に支払える保証のあるカップルなんていない。だからといって、いや、逆にだからこそ、本人の希望と最初のいくつかの条件さえ揃えば、20年間の養育費云々は子どもをあきらめる理由にならないはずなのに。

綿密な計画と準備が得意なのは日本人のいいところだ。しかし出生率に関していえば、「石橋をたたいて渡る」という普段の性格が裏目に出て、社会全体の限界を生んでしまっているような気がする。

妊娠することは「軽罪」でも「ハンディキャップ」でも「病気」でもなく、愛し合う2人の人間が、命を生み育むことを選択し、長い時間をともに生きたいと願った結果。社会からは祝福と支援を——まっとうな奨励を受けるのに値するものだ。

だからこそ、ここは清水の舞台から飛び込むように、若い人たちが思い切って子づくりに踏み込めるように、日本政府もフランスの政策を参考にしていくべきだと思う。

パリのママたちに育児と仕事を聞いてみた

「どうすれば働きながら子どもの面倒をみれるのか、なんて訊かないで。だってそんなこと、もともと無理なんですから！」

率直なこの発言は、フランスの大臣、フルール・ペルランのもの。韓国に生まれ、フランス人の里親にフランスで育てられた彼女は、女性が半数を占めるフランソワ・オランド大統領の内閣で大臣を務める優秀な女性だ。そう、フルール・ペルランの言葉は正しい。どんな母親だって、仕事にも子育てにも１００パーセントをささげることなんて、不可能なのだ。

完璧は目指さないで！

実際、両方を完璧にするのは高望みというもので、現実的ではないけれど、それでもほとんどのフランス人女性は、子どもを育てながら仕事を続けている。わたしもまた、会社に勤めながら息子を育てている1人だ。つまり、自分のキャリアと家庭の両立は可能ということ。ただし両方を100パーセント完璧に行うことなどできない。両立させるためには、いくつかの条件も必要だ。

仕事と子育ての両立を実現するためには、あらゆる手段を使い、常にその場にあるものでなんとかするつもりで、即興で対応していくこと、そして、実現すると覚悟を決めて、借りられる手は遠慮なく借りること。そしてなによりも、罪悪感を持たないことが大切だ。

言い換えれば、仕事の量を少し減らして、その一方で、子育ては完璧にできなくても気にしてはいけない。フランス人女性が仕事と子育てを両立させている秘訣は、まさにこれに尽きる。

日本人女性の多くは「仕事と子育ての両立なんて、どうすればいいの?」と戸惑い、けっきょくは無理だと判断し、仕事をあきらめて母親業に専念してしまう。それと同時に、日本人女性は仕事と子育てを両立させているフランス人女性を見て「彼女たちはスーパーウーマン」だからできるのだと決めつけているようだけれど、それはおそらく早計というものだ。実情はまったく違う。わたしたちは単に、完璧ではない母親としての自分を受け入れているだけのこと。

それに、完璧な母親なんてものはこの世に存在しない。たとえどんな女性であっても、子どものそばを片時も離れずに仕事を続けることなんて、できないのだから。

フランス人だろうと日本人だろうと条件は同じ。となると、やっぱりフランス人女性のほうが、仕事と子育ての両立のコツを知っているのだろうか。

ルーシー（46歳・PR業）の場合

「息子に瓶入りのベビーフードを食べさせることにも、ぜんぜん抵抗がないわ。すぐ食べられて便利だし、それに、なかなかおいしそうじゃない」

こう話すのは、ルーシーだ。息子の名前はルイ。ルーシーは子育てをしながら、仕事も、外出も、好きなように続けている。

家にはフィリピン人のヌヌーを雇っている。さらにヌヌーの女性は英語を話すので、子守りに加えて息子に英会話まで教えてくれるという。

ルーシーの場合、ヌヌーを雇えるくらいの収入があるのはたしか。しかし仮に同じくらいの収入があったとしても、日本人のママに、ルーシーほど自由なライフスタイルは受け入れられるだろうか。ところが、ルーシーの大胆さとは関係なく、息子はとてもママになついている。そのために、もちろんルーシーは息子と一緒に遊ぶ時間をたくさんつくるようにしているそうだ。また彼女は、ご近所や義理の家族からどう思われようと気にしていないようす。自由に生きているからといって、息子への愛が変わるわけではない。仕事と母親業を平行させながら、最大限、息子の世話をしているのだ。

アニエス（44歳・研究職）の場合

パリに住むアニエスは、毎朝の長時間通勤を避けられるよう、上司に異動を願い出て、実際に成功した女性だ。現在は職場からたった20分圏内のアパルトマンに住んでいる。

このアパルトマンは、家族4人（アニエス、夫、2人の娘）が住むには少し狭いけれど、ほかに大きなメリットがある。アパルトマンがあるのと同じ地区に、娘たちの通う保育園と小学校があるため、毎朝会社に向かう途中でそれぞれの娘を保育園と小学校に送り届けることができるのだ。夜には、同じように帰宅途中でお迎えに行けばいい。

アニエスもルーシーと同じく、まったく神経質なタイプではない。疫学統計を専門にする研究者で、日本ならおそらく「キャリアウーマン」と呼ばれるのだろう。けれどフランスでは、ほかの女性と何ら変わらない。フランスでは幸いなことに、日本のようにすぐに人を型に当てはめたりしないからだ。

フランス社会で活躍する女性の一員として、アニエスにもまた、彼女なりの気質と信念を持って、自由なライフスタイルを貫いているだけのこと。誰もそのことで、とくべつに彼女を賞賛するわけでもなければ、文句をつけるわけでもない。さらに、子育て中のママやパパに理解のあるフランスのこと。アニエスは毎週水曜日に公休がとれるので、週末のほかにウィークデーの真ん中の丸1日を娘たちと過ごし、母親の役をしっかり務めている。

ソフィー（37歳・経営者）の場合

もう1人、ソフィーのケースはまた別だ。彼女は、ソフィーの息子のパパにあたるジャン・ミッシェル（ソフィーとジャンは結婚していない）が創設した会社（家具会社）で経営者を務めている。妊娠していたときは、お産の当日まで働き、子どもが生まれる数時間前に、自分の運転する車で1人産院へ向かったという。

それから10年が経ち、息子は頭のいい優秀な子に育った。ソフィー本人はといえば、それ以来ノンストップで仕事を続けてきた。彼女が仕事を続けられた秘密は？

じつは、彼女の両親と姉がとても協力的なのだ。しかも雇い主は、彼女自身のパートナーなのだから心強い。息子が小さかった頃には、必要とあればすぐに両親に世話を頼んだ。あるいは、デスクの下にクーファンを置いて、そこで寝かせていた。店の客が文句を言ったとしても、べつにかまわないと思っていたそうだ。息子はといえば、そうした環境で苦労したようすはまったくない。それどころか、他の子とくらべるとめずらしいほどおじいちゃんおばあちゃんになつき（逆に彼らも孫を特別にかわいがり）、一緒にふざけて遊んでくれたおばさんのことも、いたずら仲間のように思っているという。

細かいことは気にしないフランス人ママ

ルーシー、アニエス、ソフィーの例をみると、日本人女性とくらべてフランス人女性のほうが、少しくらい子どものそばを離れることにも、毎食すべてを自分で用意できないことにも、「べつにかまわない」と腹をくくっている。子どもを他人に預けたり、複数の託児手段を同時に活用したりすることにも抵抗がないようだ。日仏間の違いは、そこにあるのかもしれない。

もともと、わたしをはじめ、フランスの女性たちは「細かいことは気にしない主義」を身に着けている。もしかしたら、これこそが仕事と家庭の両立の秘訣だろうか。

たとえばわたしは、（夫が）洗い終えた洗濯物が、カゴのなかで1、2日溜まっていても、（夫が）広げた洗濯物がその辺に広がっていても、夫によって片付けられても、わりと「どうでもいい」と気にしない。

なぜかって1日中オフィスで記事を書きまくって、せっかく家に帰れたのだから、まずは息子と遊びたいと思う。よき母親として洗濯物をたたんだりしまったりすることには、少しも魅力を感じられないのだ。家での自由時間は、できるだけ息子のために使いたい。

家事は待っていてくれるのだから、わずらわしい家事は週末にでもまとめて片づければいい、それだけのこと。これしきのことで、わたしたちの人生そのものには影響しない。

もし夫が溜まった家事を見て不満に思ったとしても、どうしようもなければ自分でなんとかするはずだ。

なぜ家事を後まわしにできないの？

ただ、一方で、日本のママたちにも同じように大胆に考えてもらえるかどうかは自信がない。もしかしたら夫に対して罪悪感を抱いて、自分を悪い妻、悪い母親だと責めるかもしれない。

けれど、ほんとうにそうだろうか。もしも日本の女性たちが、せっかくのチャンスを逃し、子育てをしながら経営者として生きたかもしれない人生をみすみす捨ててしまうとしたら、おそらくこうした小さな罪悪感の積み重ねなのだろう。彼女たちは真面目だ。いつでも完璧に家事をこなさなければいけないと思ってしまうから。

でも実際のところ、日本の夫たちは、家じゅう完璧でないとほんとうに許せないのだろうか？　案外そうでもないのでは？　試しに1度完璧主義をやめてみて、パパの反応を見てみる価値はある。きっとパパなら誰もが、洗濯室で疲れ果てている妻を見るよりも、子どもと遊んでいる妻の姿を見るほうがうれしいに決まっている。

日本のサラリーマンのなかには、同僚から怠け者と指差されることを恐れて、もしくは、自分の仕事を他人に代わってもらうことを悪いと思って、与えられた有給休暇の日数をすべて使わない人がいる。それと同じように、日本の奥さんたちは、家事を中途半端にすまいと自分に厳しくしているようだ。どちらもたしかに献身的だとは思うけれど、健康にも精神衛生的にも悪そうで、心配になる。

出産のあとも仕事を続けようと思っている女性に、わたしからアドヴァイスがあるとすれば、「あまり気を遣いすぎないこと」。

大切なのは、子どもが自分は愛されていると感じられること、両親と家で幸せな時間を過ごせること、そして、けっしてお仕置きのために保育園に預けられているわけではないと子ども自身が知ることだ。家事のほうは多少おろそかになっても仕方がない。

女性の85パーセントが働く国

たしかにフランスでは、ワーキングマザーへの支援が日本よりも充実している。フランス人女性（25歳から49歳まで）の労働人口は、日本の約65パーセントに対して、85パーセントに達するほどだ。

公立の集団保育所や家庭型保育所のほか、養育手当（通称APE）、認定保育ママを雇用する家庭への援助（通称AFEAMA）、在宅保育手当（通称AGED）、さらに税金の控除と還付（国庫から支払われる）など、出生率の向上のため、女性の労働環境はさまざまな制度によって支援されている。

しかしちょうど、女性向けのウェブサイト『*aufeminin.com*』がこう指摘している。

「どんなに支援が充実していても、家庭と子育ての両立はどうしたってストレスや不安のもと。ふつう以上に手際がよくなければ実現できないことです」

さらにこのサイトには、シンプルでいて、確実に役立ちそうなアドヴァイスも掲載されていた。フランス人なら誰でも彼でもすぐに仕事と家庭の両立のコツを身に着けられるわけではないらしい。たとえば、わたしも実行しているテクニックの1つにこんなものがある。

「〈買い物という受難〉は、インターネットですませてしまいましょう。昼休みに15分もあれば、ほら、もう終わり！」

ただ、日本人女性にとっては、ちょっと難しいかもしれない。オフィスでは短い時間のうちにできるだけたくさんの仕事をこなさなければならないうえ、ときには早めに帰宅できるよう、昼休みを削る必要もあるかもしれないから。もちろん「言うは易く行うは難し」。スケジュールを自由に組める人ばかりでないこともわかっている。けれど、何事も試さなければ、永遠に何も得られないことも事実だ。

就業時間については、フランス人女性は管理職につけるチャンスが高いので、スケジュールを自由に決められ、きちんと仕事さえできればそれでいいという環境で働いている人も多く、日本の女性よりも自由度が高いのかもしれない。

管理職であれば、子どものお迎えのために時短で働き、仕事の一部を日中のオフィスでやらずに家に持ち帰って夜に片づけるということもできる。

過労に陥らないために、もう1つ大事なことがある。たとえば時間を見つけて、スポーツなどでストレスを発散することだ。わたしの場合、毎晩約30分、家の中でエアロバイクをこいでいる。音楽を聴きながらペダルをこぐのは、ストレス発散になるだけでなく、体調管理にもなる。

ときには夕食が手抜きでもいい

そして何より大切なのは、先にも書いたように、人の手を借りることだ。

夫婦の家事の分担は、仕事と家庭の両立のうえで絶対に必要だ。実の両親や義理の両親も、近くに住んでいる場合はさらに強力な助けになる。これは、間違いなくお互いにとっていい方法。

わたしの場合、義母がわたしたちの家に寄って夕飯を用意してくれると言えば、よろこんでお願いすることにしている。せっかく提案してくれているのだから、ありがたく甘えて、あとは感謝をするほかない。このとき、なによりも、なによりも大事なのは、罪悪感を抱かないこと。仕事も家事も1人で背負いこんで、どんなときも顔色1つ変えない女性なんて、この世にいないのだから。

すべての用事が終わらなくても仕方がない。ときには夕飯が冷凍ピザになったってかまわない。そんなことで家族は死なないから大丈夫——。

さらに家計を助けているママなら、月に何度か自分のお給料でおいしい外食を楽しむことだって、してはいけないどころが、むしろ逆にその権利があると思っていいのだ。

教育がいいのはフランス？　それとも日本？

フランス人ママとして日本で子育てをしていると、たびたび同じことを自問してしまう。

「やっぱりフランスで育てたほうがいいかしら？」

もしだれかにこう訊かれたら、わたしは直感的に「ノン」と答えるはず。日本のほうがいい。ところが教育に関する世界の統計データを基に考えるとなると、さまざまな疑問が頭に浮かぶのも事実なのだ。

もちろん、フランスで育つ子どもたちが特別に不幸なわけではない。子どもの権利を擁護する活動で知られるフランス人女性、クレール・ブリセの言葉を借りれば、フランスで育つ子どもたちは不幸どころかしっかりとした社会制度に守られ、世界でも有数の優れた教育制度の恩恵を受けているそうだ。

じゃあなぜわたしがフランスではなく、教育させるなら日本で、と傾いているのか。それは今後当分のあいだ、わたしたち家族が日本に住み続けるからだ。日本に住むなら日本の教育を受けたほうが本人によいというのが、今のところのわたしたちの選択だ。

フランスにおける教育格差の実態

実際には、フランスの子どもたちの状況は、親の社会階層によって相当格差がある。なかでもわたしが重要視しているのは学校での教育制度だ。

たとえばフランスの郊外に暮らす移民層の子どもたちは、明らかに不利な立場に置かれている。彼らが落第する確率は、他の生徒たちよりずっと高い。またフランス全土で18歳を対象に中途退学者の数を調査したところ、工場で働く親をもつ子の退学率は他の子どもたちとくらべて6倍も高かったという。つまり国が掲げる「平等」の目標は、まったく実現されていない。

その一方で、もしわたしたち家族がフランスで暮らすとしたら、いい地域を選ばなければいけない。生徒間に社会階層の差があり過ぎる学校しかない学区は避けたい。残念なことに（と同時に肝心な点なのだが）、環境は、教育の質と同じくらい大切だからだ。

このようなことを書かなければならないのは心が痛むが、実際にフランスの多くの親たちが自分たちの子どもを「郊外の学校」に入れるのは避けたいと考えている。たとえば『パリ20区、僕たちのクラス』という実話をもとにした映画を観れば、それだけで現状のひどさがわかる。この映画で描かれていたパリ郊外にある学校の様子は非常に衝撃的で、そこに住みたい気が失せるほどだった。ちなみにこの映画は２００８年、パルムドール賞を受賞。映画自体はすばらしいが、学びたい子が学べない環境は、わたしの子ども時代の学校とは違いすぎた。

フランスの義務教育は16歳までと決まっているが、それを待たずに年間15万人もの子どもたちが卒業証書をもらうことなく学校をやめていく。その多くは中学校で早くも退学してしまうそうだ。

これはフランスにとって明らかに深刻な問題だ。社会階層間の格差の広がりにより、子どもたちには平等なチャンスが与えられず、困難な状況にいる生徒たちへの支援も十分に届いていない。これには改革が必要不可欠だろう。

わたしたちの結論としては、もし息子にフランスでいい教育を受けさせたかったら、与えられている選択肢は2つしかないと思っている。パリのすごくいい学校に通わせるか、もしくはわたしがかつて通っていたような、地方のこぢんまりとした静かな学校に通わせるかのどちらかだ。わたし自身は、当時教わった先生方や学校生活について、すばらしい思い出しかない。

日本の学校はカタログのような教育？

では日本の学校はどうだろうか。

わたしにとって、日本の学校や大学の教育制度はエリート主義すぎるという理由で、実は今はそれほど魅力を感じていない。小学校から大学入試まで、日本の子どもたちは日夜勉強やおけいこごとに追われているように見える。

両親や先生、また、赤の他人である文部科学省の役人が与える課題を、一生懸命こなす技術を日々身につけていく子どもたち。もちろんそうやって、与えられた課題をこなす能力や完璧主義を叩き込めば、将来、仕事の上では役に立ちそうだが、精神面には恐ろしい影響を与えるかもしれない。

幼いころから、日本の子どもたちはとても忙しそうだ。みんなが一斉に同じことを同じペース（しかもとても速くて優秀！）で進め、「自分の時間」や「家族の時間」をもつことがないのではないだろうか。

カタログのような教育でカタログのような意見をもつことが正しいとされがちだ。少しでも「違い」があると目立つ。日本の子どもたちの間で「人と違うこと」、それは決していいことではないのかもしれない。

そうして違いの価値がわからないまま大人になっていく。

フランスか日本か、迷うけれど

さらに、わたしがもっとも心配しているのは差別といじめだ。日本では、外国人の子どもが人種差別にあうことがめずらしくない。子どもたちは、日本人以外の子どもをなかなか受け入れられず、すぐにからかってしまう。また、教師や保護者たちも、人種の違いを受け入れることを学ばせたりはせず（そういう環境があまりないということもあるが）、こうした問題に対して積極的な取り組みを行っていない印象だ。

フランスで育てるべきか、日本で育てるべきか。

今のところ、気持ちは日本に傾いている。それはわたし自身が日本で暮らすことを望んでいるから。しかし息子のためとなれば、これから考えが変わることもあるかもしれない。

一方、夫なら、喜んでフランスに行く（少なくとも一定期間なら、と）と言うだろう。フランスに行けば、ふたたび漫画のネタになる苦労が山ほどできるのだ。それに「今度こそフランス語を覚えるチャンス」と言うかもしれない。

colonne

5

オレンジリボン運動を知っていますか

２０１３年の秋のこと。夜のニュース番組が、続けざまに３つも児童虐待事件を報じた。日本ではなぜこうした事件が後を絶たないのだろう。

その晩のニュースのうちでとくにひどかったのは、産まれてすぐの赤ちゃんを10年間にわたり３人も捨てていた夫婦の事件だった。

こういう事件を耳にするたび、いくつもの疑問で頭がいっぱいになる。「なぜ？」「どうやって？」。もちろん答えは見つからない。「両親の貧困（働く意欲を失ったり、失業したり）が虐待につながった」と説明されることが多いが、実際はもっと複雑な事情が絡んでいるのではないだろうか。

フランスにも虐待問題はある

わたし自身、来日して記者になって以来、児童虐待の統計をもとに記事を書かなければならないことが何度もあった。統計で目にする件数があまりに多いので、記事を書くたびに非常に悲しい気持ちに襲われた。

それらの統計によれば、児童虐待の件数は過去20年間で年々上昇していることになっている。だがこれはあくまでも数字の上でのこと。現代の子どもたちが昔とくらべてよりひどい目にあっているわけではなく、実は人々のあいだで少しずつ問題意識が高まった結果として、通報される件数が増加したに過ぎない。つまり、かならずしも統計による事件数の増加が実際の事件数の増加をあらわしているわけではないのだが……。

やはり虐待事件など、たとえ1件でも起きてほしくない。

たしかに子どもが泣きわめいたり、なかなか寝てくれなかったり、お皿を床に投げつけたり、言うことを聞かなかったりすれば、苛立つことはだれにでもある。ただ、なかには苛立ちを抑えきれず子どもに暴力をふるってしまう人間が存在するのだ（そこまでの行為に及んでしまうには、かならず他にも原因があるはずだが）。まさに、それを止めなくてはならない。

そこでぜひ、「オレンジリボン運動」への参加をみなさんにもすすめたい。この運動は児童虐待という悲しい現実の撲滅をめざすもの。同時に被害にあった児童たちの保護も行っている。虐待にあった子どもたちには、当然保護が必要だからだ。とにかく、もし少しでも児童虐待の疑いのある現場に遭遇したら、見て見ぬフリをせずに専門の団体に連絡をしてほしい。

ところで、フランスにも児童虐待は残念ながら存在する。ほんとうに残念なことだが、子どもの虐待は世界各地で起きているのだ。

この問題に取り組む団体がフランスにもある。彼らの調査によれば、フランスでは虐待を受けている児童の数が全体の約10パーセントに上るという。この割合はフランス以外の先進国でもだいたい同じだ。虐待の内容はおもに、暴力、性的虐待、深刻なネグレクト、侮辱行為……など。

また同団体は、次のように述べている。

「虐待の影響は長期にわたってその子につきまといます。被害にあった児童たちは、大人になってから心身の健康を損なうことが多くあります。社会において通常の人間関係を築くことが困難になることもあります。また自分の子どもに対しては、彼ら自身が幼いころに受けてきたのと同じような虐待行為を繰り返してしまう可能性もあります。そうせずに済んだとしても、我が子に対して通常の愛情を抱くことは難しくなることがあるのです」

さらに深刻なことに、フランスでは1日に2人の子どもが大人の暴力によって命を落としている。なかでも両親からの暴力がいちばん多いそうだ。

フランスメディアも現状をすべて報道しているわけではいない。彼らも実態をつかみきれていないのだ。しかしこんなニュースが毎晩テレビから流れるところなど、想像するだけで恐ろしい。児童虐待は、フランスにとっても日本にとっても、目をそらしてはいけない大きな社会問題の１つだろう。

おわりに――ポジティブに考えよう

この本に書きたいことは、まだまだたくさんある。フランス人であるわたしが、日本という異国の地で、愛する夫と、びっくりするぐらいの速いスピードで成長していく息子（どこの子どもも同じだと思うけれど）と過ごす日々の中で考えていることを、さらに多くの人たちとシェアしたいのだ。ここまで書いてきたことは、どれもみんな大事なことだから、このエピローグで、まとめてみようと思う。

１人のフランス人女性として、わたしの知っているいろいろなことを日本の女性に伝えたい。たとえば、フランス人女性の思考の自由さや、家族との生活とジャーナリストとしてのキャリアを両立できるわたしの（恵まれた）環境のつくりかた、そして、著者としてのわたしの生活。これだけじゃない。ほかにもいっぱいある。たしかに、わたしはこれらすべてのことをやって暮らしている。

でも、この本でも何度もくりかえしいっているように、１００パーセント完璧にこなせているわけじゃない。だって、そんなの無理に決まっている。わたしは、スーパーウーマンじゃないのだから。

まず、息子の世話は当然、夫と分担している。家事の一部も自宅で夫がやってくれている。それにプラスして、働く女性には必要不可欠な存在の保育園に頼っている。

たしかに、わたしはとてもアクティブに仕事をしているし、勤務時間も朝8時出社で5、6時帰宅などとはほど遠い。同僚とはチームワークをとり、連携しながら、もちろん自分自身もできるかぎり効率とスキルを上げて、なんとかやっている。

完璧な母親と完璧なキャリアウーマンをこなすのは日本人女性だけでなく、フランス人女性にとっても非現実的な話なのだ。そんな不可能なこと、わたしはやりたくもないし、やるつもりもない。だって、できなくて当然だもの。それでいいと思う。毎日毎日、ベストを尽くせばそれでいい。いや、たまにはベストを尽くさなくてもいい。かわいい息子の笑顔と愛する夫のキス、上司や同僚からの「お疲れ様！」の一言があれば、それで1日がうまくいったと思えるのだ。

次の日、会社に行くのが楽しみに眠れるなんて幸せだと思う。わたしは、とても幸せだ。まわりの人に不満もない。不満どころか、まわりにいる人たちにとても感謝している。

東京みたいに「こうしなさい、ああしなさい」と誰からもうるさく言われないから、パリで子育てをするほうがいい、とみんなは言う。

でも、それは違うと思う。

そういう分類のしかたはあまりに大雑把すぎて、ナンセンスだ。

たしかに、フランスでは出産手当ても充実して、恵まれているかもしれない。けれど、産んだ後にたくさんの苦労を味わうことになるのだ。保育園に入園させるのだって東京よりも簡単じゃないし、お世辞にも清潔とは言えないメトロで子どもを連れて乗り換えるのもひと苦労。道路を横断するのも、ショッピングに行くのも大変だ。散歩のときなんか、どこでおむつを替えればいいのかさっぱりわからない。

反対に東京は、出産には費用がかかるけど、よくよく考えてみると、フランスにはないたくさんのサービスがある。たとえば、都内では15歳までは医療費が無料だったり、有料だが24時間保育所がオープンしていたり、定期的な健康診断が行われていたりする。

たまにお母さんたちが保育士について不満を言っているのを聞くことがあるけ

れど、わたしには理解できない。日本の保育サービスは、フランスとくらべたら、ずっとずっときめ細やかで親切なのだ。

わたしからすれば、子どもを産み育てることやその教育について、フランス人と日本人の根本的な違いは、メンタリティー（考え方）だと思う。

日本人は「きちんとした環境でなければ子どもをきちんと育てることができない」と真面目に考えすぎなのかもしれない。それを自分自身に、そして他人にも求めてしまっている。社会全体が子どもを持つことに対して、ポジティブに寛容になることが必要だ。

さらにカップルがもっと〝エゴイスト〟になっていいと思う。子どもがほしいと思ったときにまわりの人が「お金がかかるよ」「仕事が大変になるね」「時間がなくなるね」などのネガティブな言葉を提示してきても、「だから？」と無視していいのだ。

社会がわたしにこれを求めている、と勝手に信じて、それにとらわれてはダメだ。もしかしたら、それは間違っているのかもしれないのだから。カップルの間で正直に話してみることも重要だ。わたしの日本人の友達は、出産を機に夫への愛情がなくなってしまったと言っていた。お金は稼いできても、子育てを手伝ってくれない夫のことをもうATM以上には思えなくなってしまったらしい。

この話を聞いてわたしはとても悲しく思った。わたしは夫にまったく逆の感情を持っているから。あんなにかわいい子どもとともに生きることを実現してくれた夫への愛情は日に日に深まっていく。

すべての日本女性がわたしと同じようにポジティブに考えてくれたら、もっと幸せになれると思う。1人で社会を変えるのは不可能だけれど、社会が変わるのはたった1人の意識からでもあるのだ。

親である人たちはみんな、自分が完璧でないことを認識し、負い目を感じてはいけない。会社のお偉いさんたちは、日本の出生率低下の大きな要因だとわたしは思う。だって、父親となった従業員をもっと早い時間に仕事から解放してあげるべきだし、家族の状況もおかまいなしに2年ごとに転勤させるのもやめたほうがいい。父親が家族から遠く離れたところで暮らさなくてはいけないなんて、どう考えてもおかしい。夫婦が離れて暮らすさびしさは、お金では満たされないのだから（だいたい離れたところにいたらセックスできないでしょ！）。

もしわたしたちが、これら不必要なストレスを解消できたら、すべてがポジティブな方向に向かうはずだ。もし、自分が両親の負担になっていると、子どもが考えでもしたら、ちっとも幸せじゃない。

わたしは日本人に対して、フランス人のようになって、とはアドヴァイスしない。だって、そんなの不自然だし不可能だもの。

日本人の夫と息子と日本社会で暮らすわたし自身だって、もはや典型的なフランス人とは言えないし、必要に迫られれば、自分の考えを曲げることだってある。わたしの子育てと、フランスの友人の子育てをくらべたら、まったく違うと思う。

わたしの子育ては、子どもとの間に他人が入る余地が0《ゼロ》の日本人流と、何人もの力を借りてやるフランス流の中間ぐらいじゃないだろうか。

大切なのは、家族、そして仕事先とのコミュニケーション。共通の理解はコミュニケーションからしか生まれない。

日本の女性は思っていることをもっと口に出したほうがいいと思う。とくに夫に対しては、不満を言うだけでなく、ポジティブなことも言うべきだ。先日、夫が洗濯をしてくれたときも、わたしは「洗濯してくれてありがとう。すごく助かります」と言った。彼はボタンを押しただけだ、と照れながら次の仕事、食器を洗い始めてくれた。

夫婦の間で「ありがとう」は一番大事な日本語だ。日本人男性はあまり言えないかもしれないけれど、女性が言えば、いつか夫も言うようになるだろう。わたしの夫がそうなのだから。

それは他の人に対しても同じことがいえる。

10年以上前から、ジャーナリストとして、日本にすんでいる。その前に11年間パリ暮らしの経験がわたしにはある。ある程度、日本の社会とフランスの社会をくらべることが、わたしにはできると思う。

日本とフランスはお互いにいろんなことを学ぶことが可能だし、それが必要だ。子育てのこと、いわゆるワーク・ライフ・バランスや少子化問題に対して、日本政府はフランスの政策を参考にしたいとずっと言っている。たしかにフランスで低い出生率の問題が解決されたのは、政策によるところが大きい。でも、政策より重要なのは、社会の考え方、つまり1人ひとりの考え方なのだ。もし2つの国で同じ政策が実行されたとしても、同じ結果にはならないだろう。なぜなら、それぞれの国民の受けとめ方や文化、環境が違うからだ。

つまり、たとえフランスで成功した政策を日本で実現させたとしても、必ずしもいい成果は出ない。単純に他国の政策をマネするのはいい方法ではない。ある程度参考にすることは有意義だが、自分たちの国の社会に合わせた、独自の政策を作ることが大事だ。

日本の場合は、ここまで深刻化した少子化に対して、社会革命が必要だと思う。

そしてそれは、もはや政治家が決めることではない。

政府は政策でいい方向を示すことができるし、マタハラなどの不当行為を法律で禁じることができる。

でも、もっとも重要なのは、未来に対しての前向きな考え方を作ることだ。

そしてそれは景気回復がなければ難しい。

でも、世界を見て、よく考えてみて。日本の経済状況はそれほど悪くはない。統計を見ても、現実を見ても、フランスより非常にいいのだ。

それでもなぜか、フランスのほうが多くの子どもが生まれている。

こういうことに気付くためには、海外の状況との比較は意味があります。

というか、必要です。

だからこそ、他の国で暮らしたことがある多くの人たちの意見を聞くことはとても有効だと思う。

繰り返しになるが、いい政策、いい法律、いい景気の3拍子が揃ったとしても、日本人の意識が変わらないかぎり、今、日本が直面している少子高齢化問題が解決されることはないと思う。

もっとも重要なのは、人間関係の改善だ。

たとえばマタハラというのは、非人間的だ。

なぜ、一部の人が妊婦に対してこんな許されないことをしてしまうか。

なぜ、結婚していない人や、子どもを持たない人たちにプレッシャーを与えるのか。

人間は、みんな同じではなく、それぞれ違いがある。フランス人みたいな個人主義者にならなくても、日本人の間で、個人の状況を理解し合うことが必要だと思う。

たとえばあなたの会社の子どもがいる社員が、何かの理由で急に休暇をとっても、上司や同僚が理解して協力してくれる、誰かの仕事の質が落ちていたら「今日は顔色が悪いけど大丈夫?」と他の誰かが理由を聞く、気分がのらない人は飲み会に参加しなくてもオーケー。

そんなお互いにやさしい環境にするために、夫婦の間でも、会社でも、学校でも、近所に住んでいる方の間にも、もっと関心と会話が必要だと思うのだ。

たとえば、会社や仕事でプライベートと仕事を区別するのはいいが、しすぎたら、それは他人を無視することと同じになる。

人間だからこそ、区別できないことがある。子どもが病気に罹って、仕事に集中できないとしたら、それは仕方がない。上司が理解し同僚が協力すれば、気持ちも軽くなり仕事への悪影響が少なくなるはずだ。誰かが妊娠した場合も同じ。ママたちだけではなくパパたちも同じ。フランスではそんな環境があるからこそ、生まれる子どもが多いと言えるのだ。

もし、日本がフランスをマネするとすれば、それは政策ではなく、こんな人間関係のゆるやかな環境だと思う。

子どもを作るのは、まわりの人が命令することや社会の義務ではなく、カップルの選択であり、愛とお互いの信頼の証拠です。生まれた子どもを育てるのは親達の仕事であるだけでなく、社会の責任です。子どもは、社会の未来そのものだから。

出典一覧

本文漫画©じゃんぽ〜る西／フィールヤングFC『モンプチ 嫁はフランス人』

P1、P9、P25、P27、P54、P98、P103、P138、P155、P181、P182、P189、P196、P205、P210、P217、P260、P231 じゃんぽ〜る西・公式ブログ「つつじヶ丘通信」より

パリにあふれるヌヌー（保育ママ）事情（P142）

www.nounou-paris.fr

パリは赤ちゃん連れに優しくなかった！（P214）

イザベルのブログ『わたしはカンペキじゃないパリのワーキングマザー・それでいいじゃない！』
http://www.e-zabel.fr/poussettes-metro-bus-paris/#comments

パリはおむつ替えができない街!?（P221）

「パリで気持ちよくおむつ替えできる場所」
『*Baby'tems*（ベビーアイテムズ）』http://babytems.fr/blog/tag/changer-bebe/

マレ地区（3区）スウェーデン文化センター（*Institut Suédois*）
（http://paris.si.se/ 住所は11 rue Payenne 75003 Paris）

シャンゼリゼ通り 公衆トイレ「ポワンWC（*Point WC*）」
（URLなし。住所は26 Champs-Elysées 75008 PARIS）

カナル・サン・マルタン（10区）プル・ムイエット（*Poule Mouillette*）
（http://www.poulemouillette.fr/Main/index.php
住所は13 rue des Recollets 75010 Paris）

18区、アル・サン・ピエール（*Halle St Pierre*）
（http://www.hallesaintpierre.org/?page=home 住所は2 rue Ronsard 75018 Paris）

12区、「布おむ専門店」アピ・ナピ（*ApiNapi*）
（http://www.apinapi.fr/ 住所は59 Avenue du Docteur Arnold Netter 75012 Paris）

なぜこんなに違う？ 日本とフランスの出生率（P233）

在日フランス大使館の日本語訳記事
http://www.ambafrance-jp.org/spip.php?article4677

フランス人《じん》ママ記者《きしゃ》、東京《とうきょう》で子《こ》育《そだ》てする

2015年8月1日　第1刷発行

著　者　西村《にしむら》・プペ・カリン
訳　者　石田《いしだ》みゆ
発行者　佐藤靖
発行所　大和《だいわ》書房
東京都文京区関口1-33-4
電話 03(3230)4511
デザイン　三木俊一＋吉良伊都子（文京図案室）
著者写真　©M.AKIYOSHI
カバー印刷　歩プロセス
本文印刷　シナノ
製本　ナショナル製本

ISBN978-4-479-39276-7

http://www.daiwashobo.co.jp

著者

西村 Poupée Karyn
（にしむら・プペ・カリン）

1970年6月7日生まれ。AFP通信東京特派員。パリ第8大学卒業後、ラジオ局やテレビ局を経て1997年に来日。2000年からフリージャーナリストとして「Journal des Telecoms」「Le Point」などで執筆。2004年よりAFP通信東京特派員。2008年「LES JAPONAIS日本人」出版。2009年、同著書が渋沢・クローデル賞受賞。2010年「Histoire du Manga 日本漫画の歴史」出版。国家功労勲章シュヴァリエを受章。好きなことは和太鼓、東京（都会）、地下鉄の雰囲気、日本の本と本屋、和食（寿司など）、築地。モットーは「死ぬまで学生」。

訳者

石田みゆ（いしだ・みゆ）

1984年横浜生まれ。翻訳会社、出版社勤務などを経て翻訳家に。留学先のフランスで、思ったことはすぐ口に出し、キスも喧嘩も人目をはばからず全力でし、やかましくも情け深いフランス人のとりこに。現在は埼玉県のお寺に嫁ぎ、日本の田舎暮らしの楽しさにも開眼中。共訳書に、フロラン・シャヴエ『東京散歩』（飛鳥新社）がある。

翻訳協力　田島幸子